EINFACH LECKER
GRILLEN

DIE DR. OETKER GELING-GARANTIE

UNSER VERSPRECHEN

Liebe Leserinnen, liebe Leser,

mit den Rezepten in unseren Koch- und Backbüchern möchten wir Sie und Ihre Lieben glücklich machen. Zum Glück braucht es den Erfolg, und den kaufen Sie mit jedem Dr. Oetker Buch gleich mit.

Dafür gibt es die Dr. Oetker Geling-Garantie. Sie ist unser Versprechen, dass alle Rezepte aus diesem Buch ganz einfach und sicher gelingen. Die Geling-Garantie startet schon bei der Zutatenliste: Alle Zutaten, die wir verwenden, sollten leicht für Sie erhältlich sein. Jeder Zubereitungs-Schritt ist klar und einfach nachvollziehbar.

Eine Garantie können wir Ihnen aber auch deshalb mit gutem Gewissen geben, weil alle Rezepte dieses Buches von unserem erfahrenen Team entwickelt wurden. Anschließend haben wir jedes Gericht in einer ganz normalen Küche nachgekocht oder nachgebacken. Immer wieder. So lange, bis wir uns sicher waren, dass es gelingt. Und zwar auch bei Ihnen zu Hause.

Was wir versprechen, halten wir auch. Sollte beim Kochen oder Backen eines unserer Rezepte dennoch etwas danebengehen oder es Ihnen einfach nicht schmecken, dann lassen Sie es uns wissen. Schreiben Sie oder rufen Sie uns an! Wir werden das Rezept nochmals kritisch prüfen und Ihnen helfen herauszufinden, woran es gelegen haben könnte. Sie erreichen uns unter der Telefonnummer +49 (0) 89 / 54 82 515-0. Oder schreiben Sie uns eine E-Mail unter: redaktion-oetker@edel.com

Natürlich freuen wir uns aber auch über weitere Rückmeldungen und auch über Lob. Ihre Ideen, Kommentare und Fragen können Sie jederzeit auch über Facebook posten: www.facebook.com/Dr.OetkerVerlag. Wir sind für Sie da. Garantiert.

Mit herzlichen Grüßen
Ihre Dr. Oetker Redaktion

INHALT

GRUNDLAGEN DES GRILLENS

Außen verbrannt und innen noch roh? Muss nicht sein, wenn man direktes und indirektes Grillen beherrscht. Neben der Technik müssen auch Fleisch und Fisch gut ausgewählt sein und richtig behandelt werden. Dann noch die Rezepte beachten, Erfahrung sammeln und das richtige Gefühl entwickeln. Dem Grillgenuss steht nichts mehr im Wege!

ALLGEMEINE HINWEISE UND VORBEREITUNG

Lesen Sie vor der Zubereitung – besser noch vor dem Einkauf – das Rezept einmal vollständig durch. So werden Arbeitsabläufe und -zusammenhänge verständlicher. Anschließend können Sie den Einkaufszettel schreiben. Viele Zutaten sind wahrscheinlich ohnehin in Ihrer Küche vorhanden. Bevor es losgeht,

legen Sie sich alles, was Sie brauchen, bereit. So müssen Sie nicht während des Grillens nach einzelnen Zutaten oder Werkzeugen suchen. Noch einfacher wird es, wenn Sie alle Zutaten schon fertig abwiegen.

Arbeitszeiten

Bei den angegebenen Zeiten handelt es sich um Anhaltswerte. Es kann, je nach Erfahrung, manchmal etwas schneller gehen oder auch mal ein wenig länger dauern.
Eine genauere Angabe der Kühl- und Abkühlzeiten ist nicht möglich, da sie u.a. von äußeren Umständen abhängen, die wir nicht kennen (z.B. Umgebungstemperatur).

Hinweise zu den Nährwerten

Bei den Nährwertangaben in den Rezepten handelt es sich um auf- bzw. abgerundete ganze Werte. Aufgrund von ständigen Rohstoffschwankungen und/oder Rezepturveränderungen bei Lebensmitteln kann es zu Abweichungen kommen. Die Nährwertangaben dienen daher lediglich Ihrer Orientierung und eignen sich nur bedingt für die Berechnung eines Diätplans.

Gar- und Grillzeiten

Vor allem beim Grillen mit Holzkohle lässt sich die Temperatur nicht exakt regeln. Die in den Rezepten angegebenen Grill- und Garzeiten sind deshalb nur Richtwerte, die je nach individueller Hitzeleistung des Grillgerätes (Holzkohle-, Elektro- oder Gasgrill) über- oder unterschritten

werden können. Beachten Sie die Gebrauchsanweisung des Herstellers.

Sicheres Grillen

Beachten Sie immer die entsprechenden Sicherheitshinweise des Herstellers! Stellen Sie den Grill auf einen nicht entflammbaren Untergrund. Damit es nicht umkippen kann, muss das Gerät fest und ebenerdig stehen. Wichtig: Greifen Sie beim Anzünden des Brennmaterials niemals zu Brandbeschleunigern wie Spiritus, Benzin oder Terpentin! Diese Stoffe sind leicht entflammbar und deshalb viel zu gefährlich!

ABKÜRZUNGEN & MENGENANGABEN:

EL	Esslöffel
TL	Teelöffel
Msp.	Messerspitze
Pck.	Packung/Päckchen
g	Gramm
kg	Kilogramm
ml	Milliliter
l	Liter
evtl.	eventuell
geh.	gehäuft
gestr.	gestrichen
TK	Tiefkühlprodukt
°C	Grad Celsius

KALORIEN-/NÄHRWERTANGABEN:

E	Eiweiß
F	Fett
Kh	Kohlenhydrate
kcal	Kilokalorien

DIE VERSCHIEDENEN GRILLARTEN

Für welchen Grill Sie sich entscheiden, hängt von Ihren persönlichen Vorlieben ab. Der Holzkohlegrill ist immer noch am beliebtesten, dabei geht der Trend zum verschließbaren Kugelgrill. Ein Gasgrill hat den Vorteil, dass er sofort einsatzbereit ist und das Vorheizen entfällt. Der Grillrost sollte bestenfalls höhenverstellbar sein. So kann die Hitzezufuhr reguliert werden und das Grillgut bei unterschiedlichen Temperaturen garen.

Holzkohlegrill

Authentisches Barbecue mit langen Garzeiten und viel heißem Rauch bei eher niedriger Hitze geht nur auf dem Holzkohlegrill. Hier kann man auch Feuer zum scharfen Anbraten beim direkten Grillen kombinieren mit anschließendem langsamem Durchziehen beim indirekten Grillen am Rand. Erfahrung schadet hier nicht, denn Inbetriebnahme und Hitzeregulierung bedürfen einiger Übung und Fingerspitzengefühls. Holzkohlegrills gibt es in unterschiedlichen Größen und Formen: vom mobilen Kleingrill bis zum gemauerten Großgrill sowie als Säulen-, Schwenk-, Kasten- oder Kugelgrill.

Grillen mit Gas

Deckel öffnen, auf den Knopf drücken und es kann losgehen. Deshalb ist der Gasgrill überall sehr beliebt. Hier hat die Technik große Fortschritte gemacht. Heute können Gasgrills hohe Temperaturen erreichen und verfügen über heißere und kühlere Bereiche für direktes und indirektes Grillen. Die Hitze lässt sich präzise steuern und auch ohne Ruß und Asche kann man professionell damit arbeiten. So spontan die Grillparty starten kann, so gründlich sollte allerdings die Wartung sein. Gasschläuche sollten regelmäßig auf Dichtigkeit kontrolliert werden, insbesondere wenn der Grill längere Zeit nicht in Betrieb war.

Elektrogrill

Bestens geeignet für den Balkon, für Anfänger und für kleineres Grillgut. Elektrogrills haben keine starke Heizkraft und sind daher weniger für große Steaks geeignet. Kleinere Fleischstücke, Gemüse oder Garnelenspieße gelingen perfekt; der gusseiserne Rost sorgt sogar für die typischen Grillmarkierungen. Und das ohne große Diskussionen mit den Nachbarn, denn durch ein Wasserbecken unter dem Heizelement ist die Rauchentwicklung sehr gering. Darin wird das Fett aufgefangen, was verhindert, dass es sich entzündet.

DIE WICHTIGSTEN BASICS ZUM GRILLEN

Beim Grillen ist es wie mit allen Werkzeugen: Manches wie Zange, Pinsel und Handschuhe braucht man unbedingt, anderes ist nützliche Spielerei und einiges ist wirklich überflüssig, macht aber Spaß.

Anzündkamin

Damit die Stimmung nicht schon am Anfang ins Wanken gerät, kann je nach Wetterlage und Windstärke ein Anzündkamin für einen Holzkohlegrill die optimale Lösung sein. Die Kohlen glühen durch und kommen als Glut in den Grill. Alternativ kann auch ein Bunsenbrenner verwendet werden.

Holzkohle

Qualität kann man erkennen: Nur Kohle, die frei von Holzschutzmittel und Anstrichstoffen ist, wird nach DIN EN 1860-2 oder DIN-plus zertifiziert. Und sichere Grills haben das GS-Zeichen oder erfüllen die DIN-EN 1860-1 Norm.
Ist das Grill-Event vorbei, den Grill und die Asche vollständig über Nacht erkalten lassen. Erst dann die Asche entsorgen. Muss es schneller gehen, die Glut mit Sand ablöschen.

Grillrost

Den Grillrost auf jeden Fall vor dem Grillen einfetten, so bleibt das Grillgut nicht am Rost kleben. Am besten geht dies mit einem mit Pflanzenöl getränkten Küchenpapier.
Generell können Sie jedes Grillgut in gefetteten Edelstahl-Grillschalen oder auf Grillplatten grillen. So wird verhindert, dass Fett in die Glut tropft und sich der dadurch aufsteigende, gesundheitsschädliche Rauch an der Oberfläche der Lebensmittel festsetzt. Die Grillzeiten verlängern sich dabei kaum.

Wird das Grillgut längere Zeit gegrillt (15–30 Minuten), sollte es auf dem Grillrost möglichst weit hoch gesetzt werden, damit es nicht zu stark bräunt, bevor es gar ist. Das Grillgut immer mit etwas Abstand auf den Grillrost legen, so lässt es sich einfacher wenden.

PRAKTISCHE GRILLHELFER

• Stahlbürsten zum Grillreinigen entfernen auch den letzten Rest Fett und andere Rückstände. Geht leichter, wenn der Grill noch warm ist.
• Wer Fleisch und Würstchen mit einer Gabel wendet, bietet dem Saft einen Ausgang und darf sich nicht wundern, wenn es nachher auf dem Teller ziemlich trocken zugeht. Deshalb sind eine lange Grillzange und ein Grillwender für die schonende Behandlung ein absolutes Muss.
• Nur keine Spuren hinterlassen – deshalb tragen Profi-Griller immer Handschuhe. Praktisch ist ein langer Schaft, der schützt auch die Unterarme.
• Holzspieße aus Bambus gehören einfach zum authentischen Schaschlik-Gefühl, eignen sich aber auch gut für Würstchen oder Gemüse. Vor dem Benutzen wässern, dann fangen die Enden kein Feuer. Abgeflachte oder vierkantige Metallspieße sind ideal für größere Stücke.
• Reinlegen, zuklappen und wenden, ohne dass Fische oder Fischfilets zerfallen. Neben speziellen Körben für Fische gibt es auch andere Formen für Gemüse, kleine Fleischstücke oder Meeresfrüchte.
• Ein Küchenwecker ist sicherer als der Blick auf die Armbanduhr – das exakte Timing ist beim Grillen wirklich wichtig.
• Grillpinsel gibt es z. B. mit Edelstahlgriffen und Silikonborsten. Und mindestens jeweils einen für Grill-

rost und Platte und einen für Saucen und Marinaden verwenden.
• Mit einem analogen oder digitalen Grillthermometer ist man immer auf der sicheren Seite. Damit verpasst man garantiert nicht den optimalen Garpunkt.

GRILLEN MIT DEM HOLZKOHLEGRILL

Kalkulieren Sie ausreichend Zeit zum Vorheizen ein, bis die perfekte Grillglut erreicht ist. Verwenden Sie zum Anzünden der Holzkohle einen Anzündkamin oder Sicherheitsbrennpaste bzw. Sicherheitsanzünder. Beachten Sie in jedem Fall die entsprechende Herstelleranleitung. Optimal ist es, verschiedene Heizzonen im Grill anzulegen: zuerst eine sehr heiße Zone zum Anbraten des Grillgutes. Hier wird die meiste Kohle zum Glühen gebracht. In der Mitte wird eine Schicht Grillkohle bereitgehalten, auf der das Grillgut gegart wird. Auf der anderen Seite des Grills sollte nur ganz wenig oder gar keine Kohle liegen, denn die glühende Kohle vom Rest des Grills strahlt in der Regel genügend Wärme ab, um das fertig Gegrillte warm zu halten. Die Holzkohle bzw. die Grillbriketts sind genügend durchgeglüht, wenn sie von einer leichten weißen Ascheschicht überzogen sind. Die Hitze ist dabei um so stärker, je dichter die Glut liegt.

INDIREKTES GRILLEN

Indirektes Grillen mit dem Holzkohlegrill

Zum indirekten Grillen eignet sich besonders ein 2-Zonen-Feuer oder ein Minion-Ring:
Für ein 2-Zonen-Feuer wird die

DIE BESTEN TIPPS ZUM GRILLEN

▶ Den Grillrost vor dem Grillen einfetten. Am besten geht dies mit einem mit Speiseöl getränkten Küchenpapier, so bleibt nichts am Rost kleben.

▶ Besonders Fisch und Gemüse sollten in mit Speiseöl bestrichenen Grillschalen (z. B. aus Edelstahl) gegrillt werden. Die Garzeiten verlängern sich dabei kaum. Generell können Sie jedoch jedes Grillgut in Grillschalen grillen. So wird verhindert, dass Fleischsaft und Fett in die Glut tropfen und sich der dadurch aufsteigende, gesundheitsschädliche Rauch an der Oberfläche der Lebensmittel festsetzt.

▶ Wird das Grillgut längere Zeit gegrillt (15–30 Minuten), sollte der Grillrost möglichst weit hoch gesetzt werden, damit das Grillgut nicht zu stark bräunt, bevor es gar ist.

▶ Das Grillgut immer mit etwas Abstand auf den Grillrost legen, so lässt es sich einfacher wenden.

▶ Eine lange Grillzange ist bei größeren Grills ein Muss, um die Grillstücke im hinteren Teil des Grills zu wenden. Fleischgabeln sind zum Wenden der Grillstücke ungeeignet. Beim Einstechen läuft der Fleischsaft aus und das Steak wird trocken oder das Fett spritzt aus – es kann eine Stichflamme geben. Der entstehende Rauch ist in keinem Fall der Gesundheit zuträglich. Auch Angebranntes gehört nicht mehr auf den Teller.

Feuerwanne zu zwei Drittel mit Kohle befüllt. Das restliche Drittel bleibt ohne Kohlen für das indirekte Grillen. Beim Holzkohlegrill in den indirekten Bereich unter den Grillrost eine Abtropfschale stellen. Bei dem Minion-Ring werden Briketts in zwei Reihen hochkant und kreisförmig nebeneinander auf den Kohlerost aufgestellt. Eine dritte Reihe wird waagerecht auf die beiden unteren Reihen aufgelegt. Alle Briketts sollten eng aneinanderliegen und sich gegenseitig berühren, da sich die Glut nach und nach durch den Minion-Ring frisst. Der Ring muss allerdings an einer Stelle unterbrochen sein, damit sich die Glut nur einseitig entlang des Ringes ausbreiten kann. Zum Anheizen des Minion-Rings 10–15 Grillbriketts in einem Anzündkamin vorglühen (etwa 30 Minuten). Eine Abtropfschale in die Mitte des Minion-Rings

(indirekter Grillbereich) stellen und die gut durchgeglühten Grillbriketts an ein Ende des offenen Rings legen, um den Grillprozess zu starten.

Indirektes Grillen mit dem Gasgrill
Für Grillstücke wie Pulled Pork (s. S. 46), die besonders lange und bei niedrigen Temperaturen indirekt gegrillt werden, bietet sich ein Gasgrill an. Hierfür bei dem Gasgrill nur die äußeren Brenner in Betrieb nehmen, den Deckel schließen und eine Garraumtemperatur von etwa

110 °C einregeln. Eine Tropfschale mit Gitter in die Mitte des Grillrosts stellen (= indirekter Grillbereich, Brenner an dieser Stelle also aus). Einen Räuchertopf oder eine Räucherbox bis zur Hälfte mit Räuchermehl (Holzaroma nach Geschmack) füllen und über einen aufgeheizten Brenner stellen. Das vorbereitete Grillgut auf das Gitter mit der Tropfschale setzen und den Grill schließen. Dann wie beschrieben weiter fortfahren.

FÜR EINEN GELUNGENEN GRILLABEND

Tipps zum Grill-Event in großer Runde
Die große Grillrunde ist eingeladen oder hat sich spontan bei Ihnen versammelt: Neben ausreichend Getränken, Grillgut und den dazugehörigen Beilagen ist eine ausreichend große Grillfläche von Bedeutung. Auf diese Weise entstehen beim Essen keine langen Wartezeiten und niemand muss sich hinten anstellen. Stellen Sie evtl. einen zweiten oder dritten Grill bereit. Sie kommen zum Einsatz, wenn der erste Grill nicht mehr genug Hitze abgibt oder Sie eine zusätzliche Möglichkeit zum Warmhalten brauchen.

Das Grillgut
Ganz gleich, ob Sie Fleisch, Fisch oder Vegetarisches grillen: Große Grillmengen erfordern eine optimale Planung, z. B. beim Einkaufen und Organisieren, aber auch in Hinblick auf die Lagerung.
Damit das vorbereitete Grillgut keinen Wärmeschock auf dem heißen Grill bekommt und gleichmäßig durchgart, nehmen Sie es am besten 15–30 Minuten vor dem Grillen aus dem Kühlschrank.

GARZEITEN

GRILLGUT	GRÖSSE / DICKE	GRILLZEIT	KERNTEMPERATUR
Filetsteak	2 cm	4–6 Min. direkte starke Hitze	50-52 °C / medium rare
Rumpsteak	3 cm	8–10 Min. direkte starke Hitze	50-52 °C / medium rare
Rib-Eye-Steak	3 cm	8–10 Min. direkte starke Hitze	50-52 °C / medium rare
T-Bone-Steak	3 cm	6–8 Min. direkte starke Hitze / 4–6 Min. indirekte starke Hitze	50-52 °C / medium rare
Porterhousesteak	3-4 cm	6–8 Min. direkte starke Hitze / 6–8 Min. indirekte starke Hitze	50-52 °C / medium rare
Hüftsteak	4 cm	6–8 Min. direkte mittlere Hitze / 4–6 Min. indirekte mittlere Hitze	50-52 °C / medium rare
Flanksteak	2 cm	8–10 Min. direkte mittlere Hitze	50-52 °C / medium rare
Burger Pattys	2 cm	4–6 Min. direkte mittlerer bis Hitze / 4 Min. indirekte mittlere Hitze	55-59 °C / medium
Fleischwürfel für Spieße	2,5 cm	4–6 Min. direkte starke Hitze	50-52 °C / medium rare
Rinderfilet am Stück	1,5-2 kg	15 Min. direkte mittlere Hitze / 30–35 Min. indirekte schwache Hitze	50-52 °C / medium rare
Roastbeef am Stück	2 kg	10 Min. direkte mittlere Hitze / 40–50 Min. indirekte mittlere Hitze	50-52 °C / medium rare
Hochrippe mit Knochen	3,5 kg	10 Min. direkte mittlere Hitze / 2–3 Std. indirekte schwache Hitze	50-52 °C / medium rare
Spareribs	1,5 kg	3–4 Std. indirekte schwache Hitze	85-90 °C
Baby Back Ribs	1 kg	3–4 Std. indirekte schwache Hitze	85-90 °C
Filet	500 g	15–20 Min. direkte mittlere Hitze	63-68 °C
Nackensteak	2 cm	8–10 Min. direkte mittlere Hitze	63-68 °C
Kotelett mit Knochen	2,5 cm	8–10 Min. direkte mittlere Hitze	63-68 °C
Rücken ohne Knochen	1,5 kg	8–10 Min. direkte starke Hitze / 20–30 Min. indirekte mittlere Hitze	63-68 °C
Bratwurst roh	120 g je Stück	8–12 Min. direkte mittlere Hitze	71 °C
Bratwurst gebrüht	120 g je Stück	10–15 Min. direkte mittlere Hitze	71 °C

RIND

SCHWEIN

GRILLGUT	GRÖSSE / DICKE	GRILLZEIT	KERNTEMPERATUR
Hähnchenbrust	180-220 g	8-12 Min. direkte mittlere Hitze	71-75 °C
Hähnchenflügel	60-80 g	30-35 Min. indirekte mittlerer Hitze / 5-8 Min. direkte mittlere Hitze	71-75 °C
Hänchenkeule mit Knochen	300 g	40-50 Min. indirekte mittlerer Hitze / 8-10 Min. direkte mittlere Hitze	71-75 °C
ganzes Hähnchen, klein	700-800 g	40-45 Min. indirekte starke Hitze	71-75 °C
ganzes Hähnchen, groß	2 kg	1-1 ½ Std. indirekte mittlere Hitze	71-75 °C
Entenbrust	300-350 g	4-6 Min. direkte mittlerer Hitze / 6-8 Min. indirekte starke Hitze	60-62 °C
Fischfilet oder Steak	1 cm	6-8 Min. direkte starke Hitze	50-54 °C
Fischfilet oder Steak	2,5 cm	8-10 Min. direkte starke Hitze	50-54 °C
Fischfilet oder Steak	3 cm	10-12 Min. direkte starke Hitze	50-54 °C
Fisch im Ganzen	500 g	15-20 Min. indirekte mittlere Hitze	50-54 °C
Fisch im Ganzen	1 kg	20-30 Min. indirekte mittlere Hitze	50-54 °C
Fisch im Ganzen	1,5 kg	30-45 Min. indirekte mittlere Hitze	50-54 °C
Garnelen	40 g je Stück	2-4 Min. direkte starke Hitze	58-62 °C
Austern	100–120 g je Stück	5-7 Min. direkte starke Hitze	keine Angaben möglich
Jakobsmuscheln	40 g je Stück	2-4 Min. direkte starke Hitze	50-55 °C
Hummerschwanz	180–200 g	7-10 Min. direkte mittlere Hitze	55-60 °C

GEFLÜGEL

FISCH / MEERESFRÜCHTE

GRILLEN MIT FLEISCH & FISCH

ASIATISCH MARINIERTE SCHWEINEBAUCHSPIESSE

ZUBEREITUNGSZEIT:
40 Minuten

MARINIERZEIT:
etwa 60 Minuten

GRILLZEIT:
etwa 30 Minuten

ZUTATEN FÜR 8 SPIESSE
2–3 rote Zwiebeln (etwa 300 g)
300 g Staudensellerie (4 Stangen)
etwa 15 g frischer Ingwer
1 kleine Chilischote
4 EL Austernsauce
etwa 640 g Schweinebauch
(8 Scheiben, zu je 80 g
geschnitten)
gem. Pfeffer
etwas Salz

ZUSÄTZLICH:
8 Grillspieße (z. B. Bambusspieße,
etwa 25 cm lang, über Nacht in
Wasser eingelegt, oder Metallspieße)
etwas Speiseöl für den Grillrost

PRO SPIESS:
E: 15 g, F: 17 g, Kh: 3 g, kcal: 224

1. Die Zwiebeln abziehen und in Spalten schneiden. Staudensellerie putzen, abspülen, trocken tupfen und in etwa 24 gleich große Stücke schneiden.

2. Den Ingwer schälen, zunächst in Scheiben schneiden, dann fein würfeln. Die Chilischote längs halbieren, entstielen, entkernen, abspülen, trocken tupfen und klein schneiden. Die Austernsauce mit Ingwerwürfeln und Chili vermischen.

3. Die Schweinebauchscheiben mit Küchenpapier abtupfen und in je 5 Stücke schneiden. Jeweils 5 Schweinebauchstücke, 2–3 Zwiebelspalten und 3 Selleriestücke abwechselnd auf einen Spieß stecken.

4. Die Spieße in eine Schale legen, mit der Austernsauce bestreichen und mit Pfeffer bestreuen. Die Spieße zugedeckt etwa 60 Minuten im Kühlschrank marinieren, dabei die Spieße gelegentlich mit der abgetropften Sauce wieder einstreichen.

5. Die marinierten Spieße abtropfen lassen, mit Salz würzen, auf den gefetteten Grillrost des heißen Grills legen und insgesamt etwa 30 Minuten grillen, dabei die Spieße mehrmals wenden, damit sie nicht zu dunkel werden.

TIPP:
Reichen Sie knusprige Knoblauchbaguettes dazu.

BEER CAN CHICKEN

MIT ALKOHOL

ZUBEREITUNGSZEIT:
15–20 Minuten

GRILLZEIT:
50–60 Minuten

ZUTATEN FÜR 4 PORTIONEN
1 Huhn (etwa 1 ½ kg)
4 EL Rapsöl
4 TL Curry-Rub (s. S. 106)
1 Dose Bier (0,5 l)
1 abgezogene Zwiebel
evtl. 1 kleines Schälchen Meersalz
    zum Nachwürzen

ZUSÄTZLICH:
1 Aluschale (ohne Löcher)
1 Kugelgrill, bzw. Grill mit
    ausreichend hohem Deckel

PRO PORTION:
E: 61 g, F: 50 g, Kh: 4 g, kcal: 727

1. Das Huhn von innen und außen mit Küchenpapier abtupfen.

2. Anschließend das Huhn von innen und außen mit Rapsöl und 2–3 Teelöffeln vom Curry-Rub einreiben.

3. Ein Drittel von dem Bier in ein Glas schütten (später evtl. beim Essen trinken). 1–2 Teelöffel vom Rub in die Dose zum restlichen Bier geben. In die Oberseite der Dose noch weitere Löcher einstechen, damit später die Bier-Curry-Mischung besser verdampfen kann.

4. Die Dose in eine geschlossene Aluschale (zum Auffangen des Fleischsaftes) stellen und das Huhn so auf die Bierdose setzen, dass die Schenkelenden unten als Stütze dienen. In den Hals die Zwiebel stecken, sodass die verdampfende Curry-Bier-Mischung nicht nach oben aus dem Huhn austreten kann, sondern ihr Aroma an das Fleisch abgibt. Somit wird das Grillhuhn von innen mit Aromen bedampft und von außen gegrillt.

5. Das vorbereitete Huhn in der Aluschale in einem verschließbaren Grill (Kugelgrill, bzw. Grill mit ausreichend hohem Deckel) bei mittlerer Hitze 50–60 Minuten garen.

6. Das Huhn mit der Auffangschale vom Grill nehmen und vorsichtig (Restinhalt der Dose ist sehr heiß!) von seinem Sitz nehmen. Huhn zerlegen und direkt verspeisen.

7. Wer möchte, kann bei Bedarf seine Portion noch mit Meersalz nachwürzen und mit dem entstandenen Saft aus der Auffangschale begießen.

TIPPS:
Man rechnet pro 500 g Grilltiergewicht (Geflügel) etwa 20 Minuten Garzeit. Somit kann auf diese Weise auch jedes andere Geflügel gegrillt werden.
Weitere Namen für das Gericht sind: Beer Butt
Wenn Sie das Huhn zuvor mit Salz einreiben und es für einige Stunden in den Kühlschrank stellen, wird ihm Wasser entzogen und der Geflügelgeschmack wird noch intensiver. Vor dem Würzen mit dem Curry-Rub, sollte das Salz wieder abgewaschen werden.
Anstelle einer Bierdose können Sie auch ein Beer Can Chicken Rack verwenden. Das bietet folgende Vorteile: Die Vorrichtung ist wiederverwendbar. Zudem besitzt sie einen abnehmbaren Deckel, ist komplett zerlegbar und lässt sich dadurch leichter reinigen.

CHICKEN TIKKA

ZUBEREITUNGSZEIT:
20 Minuten

MARINIERZEIT:
10-12 Stunden

GRILLZEIT:
12–16 Minuten

ZUTATEN FÜR 4 PORTIONEN
6 Hähnchenschenkel
    (etwa 1,5–1,8 kg)
½ TL gem. Kardamom
½ TL Knoblauchpulver
½ TL gem. schwarzer Pfeffer
½ TL Cayennepfeffer
1 TL Currypulver
1 TL Rauchsalz
1 TL Tomatenmark
Saft von 1 Limette
240 g Joghurt (3,5 % Fett)
3 Stängel Koriander

ZUSÄTZLICH:
etwas Speiseöl für den Grillrost

PRO PORTION:
E: 41 g, F: 29 g, Kh: 5 g, kcal: 442

1. Die Hähnchenschenkel im Gelenk durchtrennen und so die Keule von der Oberkeule trennen. Fleisch mit Küchenpapier abtupfen.

2. Gewürze, Tomatenmark und Limettensaft gründlich mit dem Joghurt verrühren.

3. Die Hähnchenteile in einer Schüssel mit der Joghurtmarinade mischen und zugedeckt im Kühlschrank 10–12 Stunden marinieren.

4. Den Grill für direktes Grillen bei mittlerer Hitze (etwa 180 °C) vorbereiten und aufheizen lassen.

5. Ist die Temperatur erreicht, die Hähnchenteile aus der Marinade nehmen und die überschüssige Marinade am Schüsselrand abstreifen. Den Grillrost bei Bedarf mit einer Bürste säubern und einfetten.

6. Die Hähnchenteile auf den heißen Grillrost legen, Grill schließen und die Hähnchenteile von jeder Seite 6–8 Minuten grillen, bis das Fleisch schön braun und durchgegart ist.

7. Koriander abspülen, trocken tupfen und nach Belieben die Blättchen von den Stängeln zupfen.

8. Die Hähnchenteile vom Grill nehmen, auf Tellern oder einer Platte anrichten und mit dem Koriander garnieren.

TIPPS:
Servieren Sie dazu Naan-Brot.
Die Hähnchenteile z. B. mit einer abgezogenen und in Scheiben geschnittenen roten Zwiebel garnieren.
Zum Würzen können Sie auch eine fertige Tikka-Masala-Gewürzmischung verwenden.

FLANKSTEAK MIT PETERSILIENSALSA

ZUBEREITUNGSZEIT:
25 Minuten

GRILLZEIT:
4-5 Minuten, ohne Ruhezeit

ZUTATEN FÜR 4 PORTIONEN

FÜR DIE SALSA:
2 Zwiebeln (etwa 180 g)
2 Knoblauchzehen
6 EL Olivenöl
2 Tomaten (etwa 180 g)
1 Bund Petersilie
1 TL geschroteter Pfeffer
Salz

FÜR DAS STEAK:
1 Flanksteak (etwa 800 g)
1 EL Meersalz
2 EL Sonnenblumenöl
gem. oder geschroteter bunter
    Pfeffer

PRO PORTION:
E: 45 g, F: 33 g, Kh: 4 g, kcal: 498

1. Für die Salsa Zwiebeln und Knoblauch abziehen, in kleine Würfel schneiden. Die Hälfte vom Olivenöl in einer Pfanne erhitzen. Zwiebel- und Knoblauchwürfel darin 3–4 Minuten anbraten. Tomaten abspülen, abtrocknen, halbieren und die Stängelansätze entfernen. Tomaten entkernen. Das Tomatenfruchtfleisch in Würfel schneiden. Petersilie abspülen, trocken tupfen und die Blättchen von den Stängeln zupfen, Blättchen klein schneiden. Angebratene Zwiebel-, Knoblauch- sowie Tomatenwürfel und Petersilie mit dem Pfeffer und dem restlichen Olivenöl vermischen und mit Salz abschmecken.

2. Für das Steak das Flanksteak mit einem scharfen Messer von den dicken Fettstückchen und der Silberhaut befreien (parieren). Flanksteak mit Küchenpapier abtupfen.

3. Den Grill für direktes und indirektes Grillen (2 Zonen-Feuer) vorbereiten und gut aufheizen (etwa 230 °C). Für das direkte Grillen wird beim Holzkohlegrill die Feuerwanne zu zwei Drittel mit Kohle befüllt. Das restliche Drittel bleibt ohne Kohlen für das indirekte Grillen. In den indirekten Bereich unter den Grillrost eine Auffangschale stellen.

4. Das Flanksteak mit Meersalz sowie Sonnenblumenöl einreiben. Dann das Steak etwa 2 ½ Minuten auf den heißen Grillrost legen (Deckel vom Grill rasch schließen) und angrillen. Steak umdrehen und weitere 2–2 ½ Minuten mit geschlossenem Deckel grillen. Dann das Fleisch in den indirekten Bereich legen und nochmals etwa 5 Minuten (Deckel geschlossen) nachziehen lassen.

5. Das Fleisch vom Grill nehmen, mit Pfeffer würzen und vor dem Anschneiden noch einige Minuten ruhen lassen.

6. Das fertig gegrillte Flanksteak quer zur Faser in dünne Scheiben (Tranchen) schneiden, bei Bedarf nochmals mit etwas Meersalz und grobem Pfeffer würzen, die Petersiliensalsa darübergeben und servieren.

TIPPS:
Servieren Sie dazu knuspriges Baguette oder Parisiennebrot.
Das Flanksteak beim Metzger des Vertrauens vorbestellen.
Das Fleisch 2–3 Stunden vor dem Grillen aus dem Kühlschrank nehmen. Es sollte Zimmertemperatur annehmen (temperieren).
Es empfiehlt sich, mit einem Kerntemperaturfühler zu arbeiten. Das Fleisch sollte eine Kerntemperatur von 54–56 °C haben.

FORELLEN AUS DEM GRILLKORB

ZUBEREITUNGSZEIT:
40 Minuten

GRILLZEIT:
15–20 Minuten

ZUTATEN FÜR 8 PORTIONEN
8 küchenfertige Forellen
    (je etwa 300 g)
Salz
gem. Pfeffer

FÜR DIE FÜLLUNG:
4 kleine Fenchelknollen
    (je etwa 200 g)
80 g Butter
2 Bund Dill
2–3 Bio-Orangen
    (unbehandelt, ungewachst)

ZUSÄTZLICH:
Grillkörbe für Fisch oder
    Küchengarn
evtl. etwas Fett für die Grillkörbe

PRO PORTION:
E: 62 g, F: 17 g, Kh: 10 g, kcal: 486

1. Forellen innen und außen mit Küchenpapier abtupfen. Forellen innen und außen mit Salz und Pfeffer würzen.

2. Für die Füllung die Stiele von den Fenchelknollen dicht oberhalb der Knollen abschneiden. Braune Stellen und Blätter entfernen. Die Wurzelenden gerade schneiden. Die Knollen abspülen, abtropfen lassen, halbieren und jeweils den Strunk keilförmig herausschneiden. Fenchelknollen in dünne Scheiben schneiden. Scheiben halbieren.

3. Butter in einem Topf zerlassen. Die halbierten Fenchelscheiben darin andünsten. Mit Salz und Pfeffer würzen. Dill abspülen, trocken tupfen und die Spitzen von den Stängeln zupfen, Spitzen klein schneiden und unter die Fenchelscheiben heben.

4. Orangen heiß abwaschen, abtrocknen, halbieren und in Scheiben schneiden.

5. Vorbereiteten Fenchel und Orangenscheiben in den Bauchhöhlen der Forellen verteilen. Jeweils 1–2 Forellen (je nach Größe des Grillkorbs) in einen Grillkorb (leicht gefettet) einspannen oder die Forellen mit Küchengarn umwickeln und auf dem Grillrost des heißen Grills 15–20 Minuten bei mehrmaligem Wenden grillen, bis die Haut schön knusprig ist. Sobald sich die Rückenflossen ohne Widerstand herausziehen lassen, sind die Forellen gar. Die restlichen Forellen auf die gleiche Art auf dem Grill zubereiten.

TIPP:
Servieren Sie dazu einen Blattsalat und/oder Folienkartoffeln (s. S. 70).

FRUCHTIGE HÄHNCHENSPIESSE

MIT ALKOHOL

ZUBEREITUNGSZEIT:
60 Minuten

GRILLZEIT:
etwa 20 Minuten

ZUTATEN FÜR 8 SPIESSE

FÜR DIE CUMBERLAND-SAUCE:
300 g Johannisbeergelee
1 Bio-Orange
   (unbehandelt, ungewachst)
1 Bio-Zitrone
   (unbehandelt, ungewachst)
200 ml trockener Rotwein
1 TL mittelscharfer Senf

FÜR DIE SPIESSE:
2 küchenfertige Hähnchen
   (je etwa 1 kg)
24 Scheiben Bacon
   (Frühstücksspeck, etwa 300 g)
24 getrocknete Pflaumen
   (ohne Stein)
24 Datteln (ohne Stein,
   etwa 180 g)
2 EL Sonnenblumenöl
Salz, gem. Pfeffer

ZUSÄTZLICH:
8 lange Grillspieße (z. B. Bambusspieße etwa 30 cm lang, über
   Nacht in Wasser eingelegt, oder
   Metallspieße)
etwas Speiseöl für den Grillrost

PRO SPIESS:
E: 49 g, F: 29 g, Kh: 52 g, kcal: 688

1. Für die Sauce das Johannisbeergelee durch ein feines Sieb in eine Schüssel streichen. Die Zitrusfrüchte heiß abwaschen, abtrocknen und mit einem Zestenreißer feine Streifen von der Orange und der Zitrone abziehen. Orange und Zitrone halbieren, den Saft auspressen.

2. Den Zitrussaft mit dem Rotwein in einem kleinen Topf verrühren. Die Zitrusstreifen hinzugeben, alles zum Kochen bringen und etwa 10 Minuten kochen lassen. Dann die Mischung erkalten lassen und mit dem Johannisbeergelee verrühren. Die Sauce mit dem Senf abschmecken.

3. In der Zwischenzeit die Hähnchen innen und außen mit Küchenpapier abtupfen. Die Hähnchen in je 16 Stücke zerlegen, dabei das Brustfleisch herausschneiden und die Keulen abtrennen.

4. Die Frühstücksspeckscheiben quer halbieren. Jede Pflaume und Dattel mit ½ Scheibe Speck umwickeln.

5. Jeweils 4 Geflügelstücke, 3 Backpflaumen und 3 Datteln abwechselnd auf einen Spieß stecken. Die Spieße dünn mit Sonnenblumenöl bestreichen.

6. Die Spieße kurz vor dem Grillen mit Salz und Pfeffer würzen, dann auf den gefetteten Grillrost des heißen Grills legen und insgesamt etwa 20 Minuten grillen. Dabei die Spieße jeweils nach etwa 5 Minuten wenden. Zum Servieren die Cumberland-Sauce zu den Spießen reichen.

TIPPS:
Die Spieße und die Sauce lassen sich bis Punkt 5 gut vorbereiten. Die vorbereiteten Spieße und die Sauce zugedeckt im Kühlschrank bis zum Grillen aufbewahren.
Statt Hähnchen können Sie auch Perlhühner oder Poularden für die Spieße verwenden.
Für eine alkoholfreie Variante ersetzen Sie den Rotwein durch Trauben- oder Orangensaft.

GEFÜLLTE BRÖTCHEN MIT GARNELEN

ZUBEREITUNGSZEIT:
30 Minuten

GRILLZEIT:
10–15 Minuten

ZUTATEN FÜR 12 PORTIONEN
250 g kleine gegarte Garnelen
   (ohne Schale)
1 Zitrone
1 Bund Frühlingszwiebeln
3 Avocados (etwa 500 g)
Salz
gem. Pfeffer
3 EL Crema di Balsamico

12 Körner-Brötchen

ZUSÄTZLICH:
12 Bögen Backpapier
12 Bögen Alufolie

PRO PORTION:
E: 10 g, F: 11 g, Kh: 31 g, kcal: 266

1. Die Garnelen mit Küchenpapier abtupfen.

2. Die Zitrone halbieren und den Saft auspressen. Die Frühlingszwiebeln putzen, abspülen, abtropfen lassen und in feine Scheiben schneiden. Die Avocados längs halbieren und jeweils den Stein entfernen. Das Avocado-fruchtfleisch aus den Schalen lösen und in kleine Würfel schneiden.

3. Die Garnelen mit den Frühlingszwiebelscheiben und den Avocadowürfeln vermischen, mit Salz, Pfeffer, Zitronensaft und Crema di Balsamico würzen.

4. Von den Brötchen jeweils im oberen Drittel einen Deckel abschneiden. Die Brötchen etwas aushöhlen. Den Garnelensalat in den Brötchen vertei-len und die Brötchendeckel wieder auflegen. Jeweils 1 Bogen Backpapier auf 1 Bogen Alufolie legen. Die gefüllten Brötchen daraufsetzen. Zuerst das Backpapier, dann die Alufolie fest verschließen, sodass kleine Päckchen entstehen.

5. Die Brötchenpäckchen auf den Grillrost des heißen Grills legen und 10–15 Minuten grillen.

TIPPS:
Die ausgehöhlten Brötchen können vor dem Füllen mit weicher Knoblauch- oder Kräuterbutter ausgestrichen werden.
Statt Garnelen eignen sich gewürfelter, geräucherter Lachs oder gewürfel-tes, geräuchertes Forellenfilet.
Die gefüllten Brötchen können 1–2 Stunden vor dem Grillen bis einschließ-lich Punkt 4 zubereitet werden. Die Brötchenpäckchen dann in den Kühl-schrank legen.

GEFÜLLTE NACKENSTEAKS

ZUBEREITUNGSZEIT:
20 Minuten

GRILLZEIT:
12–16 Minuten

ZUTATEN FÜR 6 STEAKS
1 kleines Bund Petersilie
2 mittelgroße Zwiebeln
  oder 4 Schalotten
4 frische Bratwürstchen
  (etwa 320 g Bratwurstbrät)
gem. Pfeffer
6 Nackensteaks
  (3–4 cm dick, je 220–240 g)
6 TL Speisequark
  (40 % Fett, 90–100 g)
2 TL scharfer Senf
Salz
All-Day-Rub (s. S. 106)

ZUSÄTZLICH:
Zahnstocher oder
  Rouladennadeln

PRO STEAK:
E: 49 g, F: 46 g, Kh: 2 g, kcal: 620

1. Petersilie abspülen, trocken tupfen und die Blättchen von den Stängeln zupfen, Blättchen klein schneiden. Zwiebeln oder Schalotten abziehen und in sehr kleine Würfel schneiden.

2. Bratwurstbrät jeweils aus der Pelle drücken und in eine Schüssel geben. Zwiebel- oder Schalottenwürfel und Petersilie untermischen. Mit Pfeffer würzen.

3. Die Nackensteaks mit Küchenpapier abtupfen. In die Nackensteaks der Länge nach jeweils eine Tasche schneiden, sodass sie nach vorne hin geöffnet sind und die Seiten verschlossen bleiben.

4. Quark mit Senf in einer kleinen Schüssel verrühren. Die Steaktaschen damit von innen bestreichen. Die Bratwurstbrätmasse in 6 gleich große Kugeln formen, flach drücken und in die Taschen legen. Jeweils die Öffnung zusammendrücken und mit Zahnstochern oder Rouladennadeln gut verschließen.

5. Die gefüllten Steaks mit Salz und dem All-Day-Rub würzen.

6. Die Steaks auf dem Grillrost des heißen Grills bei mittlerer Hitze von jeder Seite 6–8 Minuten grillen, dabei jeweils nach der Hälfte der Grillzeit (nach 3–4 Minuten) wenden. Die Steaks aus der direkten Hitze nehmen und in der indirekten Hitze weitere 3–4 Minuten gar ziehen lassen.

TIPPS:
Zum gefüllten Nackensteak passt gut die Chili- oder Limettenbutter (s. S. 96).
Anstelle der frischen Bratwurst kann auch 320 g frisches Mett genommen werden.

HACKRÖLLCHEN MIT ENDIVIENSALAT

ZUBEREITUNGSZEIT:
50–60 Minuten

GRILLZEIT:
15–20 Minuten

ZUTATEN FÜR 10 PORTIONEN

FÜR DIE HACKRÖLLCHEN:
1 ½ kg Gehacktes (halb Rind-,
    halb Schweinefleisch)
200 g Schafskäse
3 Eier (Größe M)
1 TL Paprikapulver edelsüß
¼ TL Chilipulver
1 EL gerebelter Thymian
Salz
gem. Pfeffer

FÜR DEN SALAT:
240 g Pumpernickel
2 Köpfe Endiviensalat
    (etwa 800 g)
4 EL Weißweinessig
1 EL mittelscharfer Senf
8 EL Sonnenblumenöl
1 große rote Zwiebel
330 g Ajvar (mild, aus dem Glas)

ZUSÄTZLICH:
etwas Sepeiseöl für den Grillrost

PRO PORTION:
E: 37 g, F: 41 g, Kh: 14 g, kcal: 574

1. Für die Hackröllchen das Gehackte in eine große Schüssel geben. Den Schafskäse darauf zerbröseln. Eier, Paprika, Chili und Thymian hinzufügen. Die Zutaten gut vermengen, mit Salz und Pfeffer würzen.

2. Aus der Masse mit angefeuchteten Händen kleine Röllchen formen. Die Röllchen zugedeckt in den Kühlschrank stellen.

3. Für den Salat Pumpernickel klein schneiden, mit den Händen zerbröseln und in einer Pfanne unter Wenden leicht anrösten. Die Brösel auf einen Teller geben.

4. Endiviensalat putzen, den Strunk herausschneiden, abspülen und abtropfen lassen oder trocken schleudern. Den Salat in Streifen schneiden. Essig mit Senf verrühren, mit Salz und Pfeffer würzen. Das Sonnenblumenöl unterschlagen.

5. Die Zwiebel abziehen und fein würfeln. Ajvar und Zwiebelwürfel getrennt voneinander in Schälchen anrichten.

6. Die Hackfleischröllchen auf den Grillrost (gefettet) des heißen Grills legen, 15–20 Minuten grillen, dabei die Röllchen immer wieder wenden, damit sie nicht zu dunkel werden.

7. Das Salatdressing nochmals verschlagen, mit den Salatstreifen vermischen. Den Salat mit den Pumpernickelbröseln bestreut, mit Ajvar und Zwiebelwürfeln zu den gegrillten Röllchen servieren.

HÄHNCHENBRUSTFILET NACH MEDITERRANER ART

ZUBEREITUNGSZEIT:
45 Minuten

GRILLZEIT:
10–15 Minuten

ZUTATEN FÜR 4 PORTIONEN

FÜR DIE MARINADE:
1 kleiner Topf frisches Basilikum
90 g abgetropfte grüne Oliven
    (ohne Stein, aus dem Glas)
6 Sardellenfilets
1 kleine, getrocknete Peperoni
6 EL Olivenöl

10 Hähnchenbrustfilets
    (je 130–150 g)
gem. bunter Pfeffer

PRO PORTION:
E: 47 g, F: 11 g, Kh: 1 g, kcal: 289

1. Für die Marinade Basilikum abspülen, trocken tupfen und die Blättchen von den Stängeln zupfen.

2. Oliven, Sardellenfilets und Peperoni fein hacken und in eine Schüssel geben. Olivenöl und Basilikumblättchen hinzufügen. Die Zutaten gut verrühren.

3. Hähnchenbrustfilets mit Küchenpapier abtupfen und auf dem Grillrost des heißen Grills (etwa 160°C) von beiden Seiten insgesamt 10–15 Minuten grillen (direkt grillen).

4. Die Hähnchenbrustfilets mit Pfeffer bestreuen und mit der Marinade bestreichen.

TIPPS:
Servieren Sie dazu einen knackigen Salat und Baguettescheiben.
Die Hähnchenbrustfilets können schon am Vortag mariniert werden. Dazu trocken getupfte Filets in eine flache Schale legen, mit buntem Pfeffer bestreuen und mit der Marinade bestreichen. Die Filets mit Frischhaltefolie zugedeckt im Kühlschrank aufbewahren.

REZEPTVARIANTE:
Für **Hähnchenbrustfilets mit Joghurtmarinade** 150 g Joghurt (3,5 % Fett) mit Salz, Pfeffer, gemahlenem Koriander, 1 Teelöffel Currypulver, 2 abgezogenen, klein gewürfelten Knoblauchzehen, 2 roten klein gewürfelten Chilischoten und 1 Esslöffel Reiswein mischen und die Hähnchenbrustfilets darin marinieren.

HAMBURGER

ZUBEREITUNGSZEIT:
5–10 Minuten

RUHEZEIT:
etwa 60 Minuten

GRILLZEIT:
5-7 Minuten

ZUTATEN FÜR 4 PORTIONEN
2 kleine Zwiebeln
1 kg Rindergehacktes
2 gestr. EL Salz
1 EL gem. oder geschroteter
    Pfeffer
4 Hamburgerbrötchen XXL
1 Fleischtomate
4 TL mittelscharfer Senf
4 TL Tomatenketchup
4 vorbereitete grüne Salatblätter
    (Eisberg-, Römer- oder
    Endiviensalat)
1 kleines Glas gut abtropfte Dill-
    gurken in Scheiben

ZUSÄTZLICH:
etwas Speiseöl für den Grillrost

PRO PORTION:
E: 61 g, F: 37 g, Kh: 49 g, kcal: 780

1. Zwiebeln abziehen und in feine Würfel schneiden. Gehacktes mit den Zwiebelwürfeln, Salz und Pfeffer gut vermischen und 4 Burger Patties von 2–3 cm Höhe formen. Bratlinge im Kühlschrank etwa 60 Minuten zugedeckt ruhen lassen und 15–20 Minuten vor dem Grillen herausholen – so behalten die Burger besser ihre Form.

2. Die Bratlinge auf den Grillrost (gefettet) des heißen Grills legen und von beiden Seiten 5–7 Minuten grillen.

3. Kurz bevor sie fertig sind, die Burgerbrötchen halbieren und mit der Schnittseite nach unten auf dem Grillrost toasten.

4. Fleischtomate abspülen, abtrocknen und den Stängelansatz heraus-schneiden. Die Tomate in 4 dicke oder 8 dünne Scheiben schneiden.

5. Die Unterseiten der Brötchen jeweils mit 1 Teelöffel Senf und mit 1 Tee-löffel Ketchup bestreichen. Zuerst das Salatblatt, dann die Burger Patties drauflegen, mit Tomaten -und Gurkenscheiben belegen und den Deckel draufklappen.

TIPP:
Es gibt unendlich viele Möglichkeiten, den Burger zu variieren. Beliebte Möglichkeiten sind: Mayonnaise, Chilisauce, BBQ-Sauce, rote oder weiße Zwiebelringe, Jalapeños, verschiedene Salatvarianten, Kraut- oder Rot-krautsalat, Käsescheiben (z. B. Cheddar), Bacon oder geröstete Zwiebeln.

REZEPTVARIANTE:
Für 8 **Italian-Burger** aus 1 Esslöffel gerösteten Pinienkernen, Blättern von 1 Bund Basilikum (abgespült und abgetropft) und ½ Bund Petersilie (abge-spült und abgetropft), 35 g frisch geriebenem Parmesan, ½ Teelöffel Salz, 1 Prise Zucker, 1–2 abgezogenen Knoblauchzehen und 6 Esslöffeln Olivenöl in einem Blitzhacker ein Pesto herstellen. Burger Patties und Brötchen wie im Hamburger-Rezept vorbereiten und grillen bzw. toasten. Zum Ende der Grillzeit die Burger Patties jeweils mit je 1 Tomaten- und Mozzarellascheibe belegen und noch auf dem Grillrost leicht anschmelzen lassen. Die belegten Patties mit etwas Salz und Pfeffer würzen. Die unteren Brötchenhälften jeweils mit 1 Teelöffel Salatmayonnaise bestreichen und mit etwas grünem Salat (z. B. Römersalat oder Rucola, abgespült und abgetropft) belegen. Vorbereitetes Pesto auf den verbliebenen Brötchenhälften verteilen und die Brötchenhälften drauflegen. Die Burger rasch servieren.

KOTELETTS MIT KARAMELLISIERTEM KRAUT

ZUBEREITUNGSZEIT:
80 Minuten

GRILLZEIT:
etwa 35 Minuten

ZUTATEN FÜR 10 PORTIONEN

FÜR DAS KRAUT:
1 Weißkohl (etwa 1 ¼ kg)
2 Zwiebeln
4 EL Rapsöl
100 g Zucker
300 ml Gemüse- oder
    Fleischbrühe
100 ml Weißweinessig
Salz
gem. Pfeffer
1 TL Kümmelsamen

10 Schweinekoteletts
    (mit Schwarte, je etwa 180 g,
    beim Metzger vorbestellen)
etwas Rapsöl
2 EL mittelscharfer Senf
grob gem. bunter Pfeffer

ZUSÄTZLICH:
etwas Speiseöl für den Grillrost

PRO PORTION:
E: 41 g, F: 16 g, Kh: 15 g, kcal: 370

1. Für das Kraut den Weißkohl putzen, achteln und den Strunk herausschneiden. Den Kohl abspülen, gut abtropfen lassen und in sehr feine Streifen hobeln oder schneiden.

2. Zwiebeln abziehen, halbieren und in Würfel schneiden. Das Rapsöl in einem Bräter oder großen Topf erhitzen. Die Kohlstreifen und Zwiebelwürfel darin andünsten (beides darf ein wenig Farbe annehmen). Den Zucker daraufstreuen, mit einem Holzkochlöffel unterrühren und hellbraun karamellisieren lassen.

3. Brühe und Essig hinzugießen und unterrühren. Das Kraut mit Salz, Pfeffer und Kümmel würzen und etwa 30 Minuten garen. Das Kraut nach Bedarf nochmals mit Salz, Pfeffer und Kümmel abschmecken. Das Kraut warm stellen.

4. Die Schweinekoteletts mit Küchenpapier abtupfen und die Schwarte 5–6 mal einschneiden. Die Schweinekoteletts leicht salzen, mit etwas Rapsöl einstreichen und auf den Grillrost (gefettet) des heißen Grills legen. Die Schweinekoteletts etwa 35 Minuten grillen, dabei die Koteletts mehrmals wenden, damit sie nicht zu dunkel werden.

5. Die gegrillten Koteletts sofort mit dem Senf bestreichen, evtl. zugedeckt nochmals kurz ruhen lassen (dabei warm halten). Die Schweinekoteletts mit dem Pfeffer bestreuen und mit dem karamellisierten, warmen Kraut reichen.

TIPP:
Zum Wenden der Schweinekoteletts ist die Grillzange ein praktischer Helfer. Ungeeignet sind Fleischgabeln. Der Stich ins Fleisch hat das Austreten des Fleischsaftes zur Folge und die Koteletts werden trocken.

LACHS VON DER HOLZPLANKE

ZUBEREITUNGSZEIT:
20–25 Minuten

WÄSSERZEIT:
Planke 1–2 Stunden

GRILLZEIT:
etwa 15 Minuten

ZUTATEN FÜR 4 PORTIONEN

FÜR DAS DRESSING:
1 Bio-Limette
    (unbehandelt, ungewachst)
2 Frühlingszwiebeln
2 Knoblauchzehen
2 EL weißer Balsamico-Essig
2 EL mittelscharfer Senf
2 EL flüssiger Honig
1 TL frisch geschrotete, bunte
    Pfefferkörner
¼ TL Chiliflocken
50 ml Rapsöl

2 Bio-Limetten
    (unbehandelt, ungewachst)
1 Seite Lachs (1–1,2 kg, mit Haut,
    ohne Gräten, küchenfertig)
Meersalz
gem. Pfeffer

ZUSÄTZLICH:
1 unbehandeltes Buchen-
    oder Zedernholzbrett
    (etwa 2 cm dick)

PRO PORTION:
E: 46 g, F: 45 g, Kh: 7 g, kcal: 613

1. Für das Dressing die Limette heiß abwaschen, abtrocknen und die Schale abreiben. Die Limette halbieren und den Saft auspressen. Die Frühlingszwiebeln putzen, abspülen, abtropfen lassen und fein schneiden. Knoblauch abziehen und durch eine Knoblauchpresse drücken. Essig, Senf, Honig, Pfefferkörner, Chiliflocken, Limettenschale, -saft, Frühlingszwiebelstücke und Knoblauch in einem hohen Rührbecher mit dem Pürierstab mixen. Das Rapsöl nach und nach hinzugeben, sodass eine glatte Masse entsteht.

2. Die Limetten heiß abwaschen, abtrocknen, halbieren und in Scheiben schneiden. Die Lachsseite mit Küchenpapier abtupfen und portionsweise bis auf die Haut einschneiden. Mit Meersalz und Pfeffer würzen und ordentlich – auch in den Einschnitten – mit dem Dressing bestreichen. In jeden Einschnitt ½ Limettenscheibe stecken.

3. Die Holzplanke aus dem Wasser nehmen und anschließend auf dem vorbereiteten Grill (direktes Grillen, starke Hitze) zum Qualmen bringen (3–4 Minuten).

4. Dann den vorbereiteten Lachs mit einer großen Palette mit der Hautseite nach unten auf die Planke legen und etwa 15 Minuten bei mittlerer Hitze (indirekter Grillbereich, Deckel geschlossen) garen.

5. Die Planke vom Grill nehmen und die vorportionierten Stücke von der Haut heben oder direkt von der Planke essen.

TIPP:
Anstelle der Vinaigrette kann man die Lachsseite auch mit einem Basilikumpesto bestreichen und auf der Planke garen.

MEXIKO-HOT-DOGS MIT RELISH

ZUBEREITUNGSZEIT:
50 Minuten

TEIGGEH-/RUHEZEIT:
45–60 Minuten

GRILLZEIT:
5–6 Minuten

ZUTATEN FÜR 6 HOT DOGS

FÜR DIE BRÖTCHEN/BUNS:
180 g warme Milch (3,5 % Fett)
40 g Butter (zimmerwarm)
1 Pck. Trockenbackhefe
15 g Zucker, 1 Ei (Größe M)
330 g Weizenmehl (Type 550)
10 g Salz

FÜR DAS RELISH:
2 rote Zwiebeln (etwa 160 g)
1 wachsweich gekochtes Ei
1 Tomate (etwa 100 g)
½ Salatgurke (etwa 200 g)
40 g TK-Erbsen
je 35 g abgetropfte, grüne gefüllte
    Oliven und abgetropfte schwar-
    ze Oliven (ohne Stein)
40 g abgetropfter Gemüsemais
    (aus der Dose)
1 geh. TL scharfer Senf
2–3 EL Sherryessig
4 EL Oliven- oder Rapsöl
Salz, gem. Pfeffer, Chilipulver
etwas flüssiger Honig
6 abgetropfte Hot-Dog-Würstchen
    (aus dem Glas)

PRO PORTION:
E: 18 g, F: 29 g, Kh: 49 g, kcal: 540

1. Für die Brötchen/Buns Milch, Butter, Hefe, Zucker, etwa zwei Drittel vom Ei (verschlagen) und 100 g von dem Mehl in eine Rührschüssel geben. Restliches Mehl mit dem Salz mischen.

2. Die Zutaten mit der Küchenmaschine oder dem Mixer (Knethaken) in etwa 10 Minuten zu einem glatten Teig verkneten. Dabei nach und nach die Mehl-Salz-Mischung hinzugeben.

3. Dann den Teig auf eine gut bemehlte Arbeitsfläche geben und in 6 gleich große Portionen teilen. Die Portionen jeweils auf Hot-Dog-Wurst-Länge bringen, auf ein Backblech (mit Backpapier belegt) legen und etwas flach drücken, mit Frischhaltefolie zugedeckt an einem warmen Ort 45–60 Minuten gehen lassen.

4. Den Backofen vorheizen.
Ober-/Unterhitze: etwa 200 °C
Heißluft: etwa 180 °C

5. Sind die Teiglinge nach der Teiggehzeit schön „fluffig", Teiglinge mit dem restlichen verschlagenen Ei bestreichen. Das Backblech in den vorgeheizten Backofen schieben. Die Brötchen/Buns 20–25 Minuten backen. Die Brötchen/Buns auf einem Kuchenrost erkalten lassen.

6. Für das Relish in der Zwischenzeit die Zwiebeln abziehen und fein würfeln. Das Ei pellen und in erbsengroße Würfel schneiden. Tomate abspülen, abtrocknen, halbieren, den Stängelansatz herausschneiden. Tomate entkernen und würfeln. Gurke schälen und die Enden abschneiden. Gurke längs halbieren, Kerngehäuse mit einem kleinen Löffel herauskratzen und die Gurke in erbsengroße Würfel schneiden. Die Erbsen 3–4 Minuten in kochendem Wasser blanchieren, mit kaltem Wasser abschrecken und abtropfen lassen. Die Oliven ebenfalls in etwa erbsengroße Stücke schneiden. Die vorbereiteten Zutaten mit Mais, Senf, Essig und Oliven- oder Rapsöl in einer Schüssel vorsichtig vermengen. Mit Salz, Pfeffer, Chili und Honig abschmecken.

7. Den Grill für direkte Hitze bei hoher Temperatur (180–200 °C) vorbereiten und aufheizen. Die Würstchen auf dem Grillrost in 5–6 Minuten rundherum grillen. Die Brötchen/Buns seitlich aufschneiden, aber nicht ganz durchschneiden, sodass sie an einer Längsseite noch zusammenhängen. Brötchen/Buns kurz auf dem heißen Grillrost erwärmen. Dann die gegrillte Hot-Dog-Wurst hineinlegen und mit dem Relish garniert servieren.

MOINK BALLS

ZUBEREITUNGSZEIT:
35 Minuten, ohne Abkühlzeit

KÜHLZEIT:
2–3 Stunden

GRILLZEIT:
etwa 20 Minuten

ZUTATEN FÜR 24 KLEINE MOINK BALLS:
800 g Gehacktes (halb Rind-
  halb Schweinefleisch)
250 g Speisequark (40 % Fett)
1 TL geräuchertes Paprikapulver
1 TL Zwiebelpulver
1 TL Knoblauchgranulat
Salz
gem. Pfeffer
12 Scheiben Cheddar (etwa 200 g)
12–15 Ringe eingelegte abgetropfte Jalapeños (aus dem Glas)
24 Scheiben Bacon
  (Frühstücksspeck, etwa 400 g)
12 EL flüssiger Honig
12 EL BBQ-Sauce

PRO STÜCK:
E: 12 g, F: 20 g, Kh: 9 g, kcal: 265

1. Gehacktes in einer Schüssel mit Quark, Paprika- und Zwiebelpulver sowie Knoblauchgranulat mischen. Die Hackfleischmasse mit Salz und Pfeffer würzen. Die Hackfleischmasse bis zur weiteren Verwendung zugedeckt 2–3 Stunden in den Kühlschrank stellen.

2. Den Cheddar in einer kleinen beschichteten Pfanne (oder einem kleinen Topf) bei schwacher Hitze langsam schmelzen. Abgetropfte Jalapeño-Ringe fein hacken und unter den Käse rühren. Käse wieder erkalten lassen.

3. Den Käse in etwa 24 gleich große Stücke schneiden. Aus der Hackfleisch-masse 24 Bällchen (je 40–45 g) formen.

4. In jedes Bällchen ein kleines Stück Jalapeno-Käse drücken und wieder gut verschließen, damit beim Grillen der Käse nicht auslaufen kann.

5. Baconscheiben halbieren und kreuzweise um die Bällchen wickeln.

6. Moink Balls indirekt bei 120–140 °C auf dem Grillrost des heißen Grills bei geschlossenem Deckel etwa 15 Minuten grillen. Damit die Moink Balls nicht auseinanderfallen, sollten sie nicht oft gedreht werden.

7. In der Zwischenzeit Honig und BBQ-Sauce verrühren.

8. Nach etwa 15 Minuten Grillzeit die Bällchen mit der Sauce bestreichen. Die Hitze auf etwa 200 °C erhöhen und die Moink Balls in weiterer etwa 5 Minuten fertig grillen.

TIPPS:
Restliche BBQ-Sauce zu den Moink Balls reichen.
Zum Würzen der Hackmasse können verschiedene Rubs verwendet werden (s. S. 106 oder ein fertiges BBQ-Rub, z. B. Magic Dust).
Wem die Füllung zu scharf ist, der kann die Jalapeño-Ringe weglassen.
Die Bezeichnung „Moink" geht auf die Kombination aus Rinder-(Muh) und Schweinehack (Oink) zurück.

PFEFFERSTEAKS MIT KRÄUTERN

ZUBEREITUNGSZEIT:
10–15 Minuten, ohne Ruhezeit

MARINIERZEIT:
2–3 Stunden

GRILLZEIT:
8–10 Minuten

ZUTATEN FÜR 4 PORTIONEN
2 Filetsteaks (je etwa 400 g)
4 EL Olivenöl
jeweils 4 lange Stängel Thymian
    und Rosmarin
je 1 EL grob zerstoßene schwarze,
    weiße und rote Pfefferkörner
Fleur de Sel
rote Pfefferkörner

ZUSÄTZLICH:
Küchengarn
Alufolie

PRO PORTION:
E: 43 g, F: 18 g, Kh: 0 g, kcal: 335

1. Die Filetsteaks mit dem Olivenöl einstreichen, mit den abgespülten, trocken getupften Kräuterstängeln und Küchengarn rund binden und mit der Pfeffermischung gleichmäßig rundherum bestreuen.

2. Die Steaks bei Zimmertemperatur 2–3 Stunden marinieren.

3. Steaks auf dem Grillrost des heißen Grills 8–10 Minuten grillen. Dabei alle 2–2 ½ Minuten um eine Vierteldrehung wenden, damit sie rundherum gleichmäßig gegart sind.

4. Die gegrillten Filetsteaks vom Grillrost nehmen, in Alufolie wickeln und etwa 10 Minuten ruhen lassen.

5. Filetsteaks in dicke Scheiben schneiden, mit Fleur de Sel und roten Pfefferkörnern bestreuen und servieren.

TIPPS:
Servieren Sie ofenfrisches Baguette zum Pfeffersteak.
Für ein optimales Grillergebnis die Steaks etwa 30 Minuten vor dem Grillen aus dem Kühlschrank nehmen.
Dazu schmecken geschmorte Schalotten. Hierfür 750 g Schalotten abziehen, große Schalotten halbieren. 40 g Butter in einer Pfanne zerlassen. Die Schalotten darin unter mehrmaligem Wenden anbraten. 4 Esslöffel Weißwein und 1 Teelöffel abgetropfte, eingelegte grüne Pfefferkörner (in Lake) hinzufügen, mit Salz und gemahlenem Pfeffer würzen. Die Schalotten zum Kochen bringen und zugedeckt etwa 10 Minuten unter gelegentlichem Rühren schmoren. Die Steaks mit den Schalotten auf Tellern anrichten.

PORTOBELLOS MIT CHORIZO

ZUBEREITUNGSZEIT:
30 Minuten

GRILLZEIT:
20–25 Minuten

ZUTATEN FÜR 4–8 PORTIONEN (JE NACH VERWENDUNG)
4 EL Olivenöl
8 Portobello-Pilze oder 12 große
   Champignons

FÜR DIE FÜLLUNG:
8–10 Scheiben Chorizo
   (insgesamt 50–60 g)
100 g Ziegenfrischkäse
2–3 Knoblauchzehen
2 Stängel Thymian
1 kleines Bund Petersilie
Saft von ½ Zitrone
1 EL Semmelbrösel
Salz
gem. Pfeffer
einige Stängel Rosmarin

ZUSÄTZLICH:
1 Aluschale oder Grillschale
   (ohne Löcher)

PRO PORTION:
E: 17 g, F: 21 g, Kh: 7 g, kcal: 306

1. Den Boden der Alu- oder Grillschale mit der Hälfte des Olivenöls einfetten. Portobello-Pilze oder Champignons putzen, evtl. kurz abspülen und trocken tupfen. Stiele aus den Pilzen herausdrehen und die Pilze mit der Öffnung nach oben in die vorbereitete Alu- oder Grillschale setzen. Die Stiele hacken und in eine Schüssel geben.

2. Für die Füllung Chorizo in kleine Würfel schneiden. Ziegenfrischkäse zerbröseln, Knoblauch abziehen und durch eine Knoblauchpresse drücken. Thymian und Petersilie abspülen, trocken tupfen und die Blättchen von den Stängeln zupfen, Blättchen klein schneiden. Chorizo, Ziegenfrischkäse, Knoblauch, Kräuter, Zitronensaft und Semmelbrösel zu den Pilzwürfeln in die Schüssel geben und mit einer Gabel vermengen. Die Masse mit Salz und Pfeffer abschmecken und in den vorbereiteten Pilzköpfen verteilen.

3. Den Grill auf indirektes Grillen vorbereiten und auf mittlerer Hitze (etwa 180 °C) aufheizen.

4. Rosmarin abspülen, trocken tupfen und die Nadeln von den Stängeln zupfen Auf die Füllung der Pilze jeweils einige Rosmarinnadeln setzen und mit dem restlichen Olivenöl beträufeln.

5. Die Alu- oder Grillschale in den indirekten Hitzebereich des Grills stellen, Grill schließen und die Pilze 20–25 Minuten grillen. Für einen rauchigen Geschmack die Alu- oder Grillschale die letzten 5 Minuten in den direkten Hitzebereich stellen.

6. Gefüllte Portobellos als Vorspeise (2 Portobellos oder 3 große Champignons pro Person) oder als Beilage (1 Portobello oder 1–2 große Champignons pro Person) servieren.

TIPPS:
Anstelle von Chorizo kann auch die gleiche Menge Kochschinken verwendet werden.
Für eine vegetarische Variante die Wurst durch gewürfelte, halb getrocknete Tomaten ersetzen.

PULLED-PORK-BURGER

ZUBEREITUNGSZEIT:
90 Minuten

MARINIERZEIT:
mind. 3 Stunden oder über Nacht

GRILLZEIT:
12–13 Stunden

RUHEZEIT:
1–2 Stunden

ZUTATEN FÜR 16 PORTIONEN

FÜR DIE TROCKENMARINADE (RUB):

60 g brauner Zucker
2 EL Paprikapulver edelsüß
1 EL Paprikapulver rosenscharf
1 EL Currypulver
½ EL Chilipulver
1 EL Kreuzkümmel (Cumin)
1 EL Piment (Nelkenpfeffer)
1 EL gem. Ingwer
1 EL gerebelter Oregano
2–3 EL Röstzwiebeln
2 EL gem. schwarzer Pfeffer
1 EL Knoblauchgranulat oder
   -pulver
3 EL Rauchsalz

etwa 2 ½ kg Schweineschulter mit
   Schwarte
16 Burgerbrötchen/Buns
800 g Krautsalat (s. S. 140 oder
   Fertigprodukt)

1. Für die Trockenmarinade (Rub) alle Gewürze in einen Blitzhacker geben und fein zerkleinern.

2. Schweineschulter mit Küchenpapier abtupfen, großzügig mit der Trockenmarinade (Rub) einreiben und die Marinade gut ins Fleisch einmassieren. Das Fleisch in Frischhaltefolie wickeln und mindestens 3 Stunden oder über Nacht im Kühlschrank marinieren lassen. Den Rest der Trockenmarinade in einem wiederverschließbaren Gefäß (z. B. in einem Glas mit Schraubdeckel) aufbewahren.

3. Am Ende der Marinierzeit 2 Handvoll Holzchips (Holzaroma nach Geschmack) in Wasser einweichen.

4. Den Grill für indirektes Grillen (10–12 Stunden Grillzeit) vorbereiten. Dafür mit der sogenannten Minion-Ring-Methode arbeiten (s. Ratgeber S. 7). An dem Ende des offenen Minion-Rings beginnend, wohin auch die glühenden Briketts zum Anfeuern gelegt werden, die gewässerten und abgetropften Holzchips auf ein Drittel der Briketts geben.

5. Grillrost auflegen, vorbereitete Schulter auf dem Rost in den indirekten Grillbereich legen (also in die Mitte über die Abtropfschale). Grill schließen und untere Zuluft sowie die Luftklappe im Deckel zu etwa ein Drittel geöffnet lassen. Die Glut frisst sich in den nächsten Stunden durch die Kohle und sorgt damit für eine gleichbleibende Temperatur (etwa 110 °C) im Garraum. Dafür am Anfang öfter die Hitze kontrollieren. Ist es im Garraum zu heiß, Luftklappen minimal schließen, ist es zu kalt, die Klappen öffnen (einregeln). Nach kurzer Zeit hat sich die Temperatur bei gleichbleibenden Witterungsbedingungen eingeregelt.

6. Das Pulled Pork ist nach 12–13 Stunden fertig. Wenn ein Grillthermometer benutzt wird, sollte es eine Kerntemperatur von 92 °C anzeigen.

7. Fleisch vom Grill nehmen, in 1–2 Lagen Alufolie einpacken, dann dick in Zeitungspapier einrollen und 1–2 Stunden in einer Thermotasche oder Kühlbox ruhen lassen. Man kann das Fleisch auf diese Weise für mehrere Stunden warm halten. Den Sud aus der Abtropfschale entfetten.

8. Zum Zerzupfen (Pullen) des Fleisches, den Braten aus seiner Wärmedecke rollen, in eine große flache Schale legen und die Schwarte und Fettschicht abnehmen (Vorsicht: heiß!). Mithilfe von 2 Gabeln das Fleisch in mundgerechte Stücke zerzupfen. Die Gabeln dafür immer wieder ins Fleisch stechen und in entgegengesetzter Richtung auseinanderziehen.

9. Das gezupfte Fleisch mit dem Sud aus der Abtropfschale vermischen. Dadurch wird es noch saftiger.

10. Zum Anrichten die Burgerbrötchen/Buns aufschneiden und mit reichlich Fleisch und Krautsalat (oder umgekehrt) belegen. Burger zuklappen und rasch servieren.

TIPPS:
Sollten Sie mit einem Gasgrill arbeiten, gehen Sie wie auf S. 7 beschrieben vor.
Man kann auch gut Folienkartoffel mit Pulled Pork füllen. Dafür die gegarten Kartoffeln aufschneiden, mit Fleisch und Sauerrahm füllen.

ZUSÄTZLICH:
Holzchips zum Räuchern
    (Holzaroma nach Geschmack)
Alufolie
Anzündkamin

PRO PORTION:
E: 28 g, F: 27 g, Kh: 37 g, kcal: 504

PUTEN-SALBEI-SPIESSE

ZUBEREITUNGSZEIT:
20 Minuten

GRILLZEIT:
etwa 10 Minuten

ZUTATEN FÜR 4 SPIESSE
4 flache, dünne Scheiben
   Putenschnitzel (je 125 g)
Salz
gem. Pfeffer
12 dünne Scheiben Bacon
   (Frühstücksspeck)
1 Bund Salbei
etwas Sonnenblumenöl
gem. grober Pfeffer

ZUSÄTZLICH:
4 Grillspieße (z. B. Bambusspieße,
   über Nacht in Wasser eingelegt,
   oder Metallspieße)

PRO SPIESS:
E: 25 g, F: 26 g, Kh: 5 g, kcal: 379

1. Die Putenschnitzel mit Küchenpapier abtupfen, mit etwas Salz und Pfeffer bestreuen und mit je 3 Scheiben Bacon belegen.

2. Salbei abspülen, trocken tupfen und die Blättchen von den Stängeln zupfen. Einige Blättchen zum Garnieren beiseitelegen, restliche Blättchen auf den Putenschnitzeln verteilen.

3. Die Schnitzel von der langen Seite aus aufrollen, jedes Schnitzel schräg in 4 gleich große Stücke schneiden, auf je 1 Grillspieß stecken und mit Sonnenblumenöl bestreichen.

4. Die Spieße auf dem Grillrost des heißen Grills von jeder Seite etwa 5 Minuten grillen. Mit grobem Pfeffer bestreuen. Mit beiseitegelegten Salbeiblättchen garnieren.

TIPP:
Dazu passt ein Nudelsalat, ofenfrische Baguettes oder Grilltomaten.

REZEPTVARIANTEN:
Für **Puten-Pesto-Spieße** die Putenschnitzel mit je 1–2 Esslöffel Pesto (aus dem Glas) bestreichen, mit je 1–2 gehackten, getrockneten, in Öl eingelegten Tomaten (aus dem Glas) belegen und aufrollen.
Für **Puten-Mett-Spieße** die Schnitzel dünn mit mittelscharfem Senf bestreichen, 100 g gewürztes Mett oder feine Bratwurstmasse darauf verteilen und aufrollen.
Für **Putensteaks mit gegrillter Ananas** 2 Esslöffel Sojasauce mit ½ Esslöffel braunem Zucker und 2 Esslöffeln Sonnenblumenöl so lange verrühren, bis der Zucker in der Marinade aufgelöst ist. 4 Putensteaks (je etwa 130–150 g) mit Küchenpapier abtupfen, zusammen mit 4 frischen Ananasscheiben (je etwa 80 g) in eine flache Schale legen und mit grob gemahlenem buntem Pfeffer bestreuen. Das Fleisch gleichmäßig mit der Marinade einpinseln. Die Putensteaks und Ananasscheiben mit Frischhaltefolie zugedeckt im Kühlschrank über Nacht durchziehen lassen. Die Putensteaks und Ananasscheiben auf den Grillrost des heißen Grills legen und unter mehrmaligem Wenden 10–15 Minuten grillen.

RINDER-KEBABS

ZUBEREITUNGSZEIT:
35 Minuten

MARINIERZEIT:
über Nacht im Kühlschrank

GRILLZEIT:
etwa 15 Minuten

ZUTATEN FÜR 4 SPIESSE
4 Hüft- oder Rumpsteaks
    (je etwa 150 g)
4 rote Zwiebeln (etwa 200 g)

FÜR DIE JOGHURTMARINADE:
150 g Joghurt (3,5 % Fett)
2 EL körniger Senf (etwa 30 g)
1 EL ger. Meerrettich (etwa 20 g)
1 EL brauner Zucker/Rohrzucker
    (etwa 30 g)
Salz
gem. Pfeffer

ZUSÄTZLICH:
4 Holz- oder Metallspieße

PRO PORTION:
E: 34 g, F: 7 g, Kh: 3 g, kcal: 214

1. Die Hüft oder Rumpsteaks mit Küchenpapier abtupfen. Jedes Steak in 4–5 Stücke schneiden.

2. Zwiebeln abziehen und vierteln. Zwiebelviertel in kochendem Salzwasser etwa 5 Minuten garen, in ein Sieb geben, mit kaltem Wasser übergießen und abtropfen lassen.

3. Für die Marinade Joghurt mit Senf, Meerrettich und Zucker verrühren, mit Salz und Pfeffer würzen.

4. Die Fleischstücke und Zwiebelviertel abwechselnd auf Holz- oder Metallspieße stecken, in eine flache Schale legen, dick mit der Joghurtmarinade bestreichen und zugedeckt über Nacht in den Kühlschrank stellen.

5. Die Spieße aus der Marinade nehmen, am Schalenrand etwas abstreifen oder in einem Sieb abtropfen lassen.

6. Die Spieße auf den Grillrost des heißen Grills legen und bei schwacher Hitze etwa 15 Minuten grillen. Spieße dabei mehrmals wenden.

TIPP:
Dazu schmecken Folienkartoffeln (s. S. 70) und Zaziki (s. S. 112).

SCHWEINEFILET VON DER HOLZPLANKE

ZUBEREITUNGSZEIT:
35 Minuten

WÄSSERZEIT:
Planke etwa 60 Minuten

GRILLZEIT:
etwa 45 Minuten

ZUTATEN FÜR 4 PORTIONEN

FÜR DIE TROCKENMARINADE (RUB):
½ TL gem. schwarzer Pfeffer
½ TL Paprikapulver edelsüß
½ TL Kreuzkümmel (Cumin)
½ TL gem. Ingwer

1 Schweinefilet (etwa 600 g)
1 rote Paprikaschote (etwa 180 g)
1 grüne Chilischote
100 g ger. Cheddar
Salz
gem. Pfeffer
10–12 Scheiben Bacon
　　(Frühstücksspeck, 160–200 g)

ZUSÄTZLICH:
Holzplanke zum Grillen
　　(Holzaroma nach Geschmack)

PRO PORTION:
E: 44 g, F: 37 g, Kh: 3 g, kcal: 520

1. Die Grillplanke etwa 60 Minuten wässern.

2. Für die Trockenmarinade die Gewürze in einer Schale zu einer Trockenmarinade (Rub) vermischen.

3. Das Filet mit Küchenpapier abtupfen, von Sehnen und Fett befreien (parieren). Dann in das Fleisch der Länge nach eine Tasche einschneiden.

4. Für die Füllung Paprika- und Chilischote halbieren, entstielen, entkernen und die weißen Scheidewände entfernen. Die Schoten abspülen und abtropfen lassen. Schoten in feine Würfel schneiden und in einer Schüssel mit dem Cheddarkäse vermischen.

5. Schweinefilet von innen mit etwas Salz und Pfeffer würzen und mit der Gewürzmischung (Rub) einreiben. Die Füllung in der Tasche verteilen. Schweinefilet mit der Füllung wieder verschließen bzw. aufrollen.

6. Baconscheiben auf der Arbeitsfläche leicht überlappend nebeneinanderlegen und das gewürzte und gefüllte Filet darin einwickeln.

7. Den Grill für indirektes Grillen vorbereiten (s. Ratgeber, S. 7) und auf mittlerer bis starker Hitze (etwa 180–200 °C) aufheizen.

8. Die gewässerte Holzplanke mit der Oberseite zuerst über die heißen Kohlen oder Gasflamme (direkte Hitze) legen und den Deckel des Grills schließen. Fängt die Planke nach 5–6 Minuten an zu rauchen (sie sollte am Rand leicht glühen, aber nicht brennen), Planke umdrehen und wieder in die direkte Hitze legen. Vorbereitetes Schweinefilet mit der Naht nach unten darauf platzieren. Deckel wieder schließen.

9. Fängt die Planke nach 5–6 Minuten wieder an zu rauchen, kann sie in den indirekten Bereich gelegt werden. Deckel wieder schließen und das Filet auf der Planke in etwa 45 Minuten (etwa 180 °C) fertig garen. Die Kerntemperatur des Filets sollte am Ende 62 °C betragen.

10. Das Filet vor dem Anschneiden noch einige Minuten ruhen lassen und dann servieren.

TIPPS:
Dazu schmecken Spiralkartoffeln (s. S. 150) oder mediterranes Fladenbrot (s. S. 144).

SPARERIBS

ZUBEREITUNGSZEIT:
30 Minuten

GARZEIT:
45–60 Minuten

GRILLZEIT:
10–12 Minuten

ZUTATEN FÜR 4 PORTIONEN
1 Gemüsezwiebel
1 kleines Bund Suppengrün
  (Möhre, Sellerie, Lauch)
10 Pfefferkörner
4 Lorbeerblätter
Salz
2 kg dünne Rippe (vom Schwein)
400 ml Barbecue-Sauce (s. S. 94)

ZUSÄTZLICH:
etwas Speiseöl für den Grillrost

PRO PORTION:
E: 28 g, F: 29 g, Kh: 35 g, kcal: 512

1. Zwiebel halbieren. Suppengrün putzen, evtl. schälen, abspülen, abtropfen lassen und in grobe Stücke schneiden. Wasser in einen großen Topf geben. Zwiebelhälften, Suppengrün, Pfefferkörner, Lorbeerblätter und etwas Salz hinzufügen. Die Zutaten zum Kochen bringen.

2. Schweinerippchen mit Küchenpapier abtupfen, halbieren oder dritteln (je nach zur Verfügung stehendem Kochgeschirr) und in die kochende Brühe geben. Darauf achten, dass die Rippchen vollständig mit Wasser bedeckt sind. Die Hitze reduzieren, die Rippchen zugedeckt 45–60 Minuten bei schwacher bis mittlerer Hitze kochen oder gar ziehen lassen. Die Rippchen sind gar, wenn sich das Fleisch leicht vom Knochen löst.

3. Die Rippchen mit einer Schaumkelle aus der Brühe nehmen, abtropfen lassen und evtl. in Portionstücke schneiden.

4. Die Rippchen auf den Grillrost (gefettet) des heißen Grills (direkt) legen und bei mittlerer Hitze 10–12 Minuten grillen, bis sie knusprig und goldgelb sind. Nach der Hälfte der Grillzeit einmal wenden.

5. Kurz vor Ende der Grillzeit die knusprigen Rippchen von beiden Seiten mit der vorbereiteten BBQ-Sauce bestreichen und sofort servieren.

TIPPS:
Die Rippchen schon am Vortag garen, im Kühlschrank aufbewahren und am nächsten Tag grillen und bestreichen.
Wer es lieber etwas schärfer mag, gibt einfach 2 abgespülte Chilischoten mit in den Kochsud.

THUNFISCH MIT KAPERN-OLIVEN-SAUCE

MIT ALKOHOL

ZUBEREITUNGSZEIT:
35 Minuten

GRILLZEIT:
4–6 Minuten

ZUTATEN FÜR 4 PORTIONEN
1 Stängel Rosmarin
4 Thunfischsteaks
    (jeweils 200–230 g,
    etwa 2 ½ cm dick)
2–3 EL Olivenöl
frisch geschroteter Pfeffer

FÜR DIE SAUCE:
1 rote Zwiebel
2–3 Knoblauchzehen
2 reife Tomaten
2 EL Olivenöl
1 EL Tomatenmark
450 ml trockener Rotwein
1 Stängel Rosmarin
2 Lorbeerblätter
40 g abgetropfte schwarze Oliven
2 EL abgetropfte Kapern
Salz
gem. Pfeffer
Meersalz

ZUSÄTZLICH:
etwas Speiseöl für den Grillrost

PRO PORTION:
E: 45 g, F: 51 g, Kh: 4 g, kcal: 711

1. Den Rosmarin abspülen, trocken tupfen, die Nadeln von dem Stängel zupfen, Nadeln grob zerschneiden. Die Thunfischsteaks mit Küchenpapier abtupfen, in einer flachen Schale mit Olivenöl bestreichen, mit Pfeffer und Rosmarin bestreuen. Die Schale mit Frischhaltefolie zugedeckt in den Kühlschrank stellen.

2. Für die Sauce in der Zwischenzeit Zwiebel und Knoblauch abziehen, fein würfeln. Tomaten abspülen, abtrocknen, vierteln, entkernen und die Stängelansätze entfernen. Tomaten in Würfel schneiden.

3. Das Olivenöl in einer Pfanne oder in einem breiten Topf erhitzen. Die Zwiebel- und Knoblauchwürfel darin 4–5 Minuten unter Rühren andünsten, bis sie leicht Farbe angenommen haben. Tomatenwürfel hinzugeben und 1 Minute mit andünsten. Tomatenmark unterrühren und nochmals 1 Minute mitdünsten lassen. Rotwein hinzugießen. Rosmarin, Lorbeerblätter, Oliven und Kapern hinzugeben. Die Zutaten zum Kochen bringen. Die Sauce etwa 10 Minuten bei mittlerer Hitze kochen lassen. Die Sauce mit Salz und Pfeffer abschmecken. Die Pfanne oder den Topf von der Kochstelle nehmen und die Sauce bis zur Verwendung warm stellen.

4. Den Grill für direkte Hitze (etwa 180 °C) vorbereiten. Fisch aus der Marinade nehmen, gut abtropfen lassen und auf den heißen Grillrost (gefettet) legen. Die Steaks je Seite 1–2 Minuten halbroh grillen oder in 2–3 Minuten je Seite glasig grillen (je nach Geschmack). Dabei die Thunfischsteaks mit Meersalz würzen und behutsam mit einem breiten Pfannenwender wenden.

5. Lorbeerblätter aus der warm gestellten Sauce nehmen. Thunfischsteaks auf Tellern oder auf einer Platte anrichten, Kapern-Oliven-Sauce darübergeben und sofort servieren.

TIPPS:
Dazu schmeckt knuspriges Fladenbrot.
Zusätzlich zum geschroteten Pfeffer 1 gehäuften Teelöffel Sesam hinzugeben.
Achten Sie beim Kauf des Fisches auf die Siegel von MSC, ASC oder verwenden Sie Bio-Produkte.

ZIEGENKÄSE IM SPECKMANTEL

ZUBEREITUNGSZEIT:
15 Minuten

GRILLZEIT:
etwa 10 Minuten

**ZUTATEN FÜR 4 PORTIONEN
(ERGIBT 12 PÄCKCHEN)**
12 dünne Scheiben Bacon
    (Frühstücksspeck)
300 g Ziegenfrischkäse
    (2 Rollen je 150 g)
12 kleine Salbeiblättchen
    oder 12 Rosmarinspitzen
einige Rucola- oder
    Friséesalatblätter
etwas Honig oder
    Crema di Balsamico
gem. Pfeffer

ZUSÄTZLICH:
etwas Speiseöl für den Grillrost

PRO PORTION:
E: 8 g, F: 26 g, Kh: 3 g, kcal: 282

1. Zur Vorbereitung die Baconscheiben quer halbieren und über Kreuz auf die Arbeitsfläche legen.

2. Die Ziegenfrischkäserollen mit einem dünnen Messer in insgesamt 12 Scheiben schneiden. Jeweils 1 Scheibe davon auf den Bacon legen, abgespülte, trocken getupfte Salbeiblättchen oder Rosmarinspitzen darauflegen und den Bacon um den Käse wickeln.

3. Ziegenkäse im Speckmantel auf dem Grillrost (gefettet) des heißen Grills bei mittlerer Hitze etwa 10 Minuten grillen. Dabei nach der Hälfte der Zeit das Käsepäckchen einmal vorsichtig wenden. Kann man den Grill verschließen, die Käsepäckchen ohne zu wenden grillen.

4. Zum Servieren eine Platte mit abgespülten, trocken getupften Rucola- oder Friséesalatblättern belegen. Die Käsepäckchen darauf anrichten. Mit Honig oder Crema di Balsamico beträufeln. Mit frisch gemahlenem Pfeffer würzen.

REZEPTVARIANTE:
Für **Zwiebelringe im Speckmantel** 4 große Gemüsezwiebeln abziehen. Vorne und hinten je 1 cm abschneiden. Dann in 2 cm dicke Scheiben schneiden. Die Ringe vorsichtig auseinanderdrücken. Die großen Ringe wieder zusammenstecken. Dabei jeweils einen Ring auslassen, damit ein kleiner Abstand dazwischen frei bleibt. 150 g Cheddar (in Scheiben) in 2 cm dicke Steifen schneiden und in die Zwischenräume der Ringe stecken. Insgesamt 300 g Bacon (Frühstücksspeck) um die Zwiebelringe wickeln. Die Zwiebelringe erst mit geschlossenem Deckel bei direkter Hitze von beiden Seiten 4–5 Minuten knusprig grillen. Dann die Temperatur auf 150 °C bis 160 °C reduzieren und die Zwiebelringe bei indirekter Hitze weitere 6–8 Minuten zu Ende grillen.

VEGETARISCH & VEGAN GRILLEN

AVOCADOS MIT OLIVEN-TOMATEN-FÜLLUNG

VEGAN

ZUBEREITUNGSZEIT:
20 Minuten

GRILLZEIT:
15–25 Minuten

ZUTATEN FÜR 4 PORTIONEN
1 Limette
4 Avocados
5–6 EL Olivenöl
Salz
gem. Pfeffer
4 kleine Tomaten (etwa 300 g)
60 g abgetropfte, schwarze Oliven
   (ohne Stein)
60 g abgetropfte, grüne Oliven
   (ohne Stein)
1 Knoblauchzehe
3–4 Stängel Thymian

ZUSÄTZLICH:
2 Edelstahl-Grillschalen
   (ohne Löcher)
etwas Speiseöl für die Grillschalen
evtl. Alufolie

PRO PORTION:
E: 5 g, F: 64 g, Kh: 4 g, kcal: 639

1. Die Limette halbieren und den Saft auspressen. Die Avocados längs halbieren. Jeweils die beiden Hälften mit den Händen gegeneinander drehen. Die Steine entfernen. Das Fruchtfleisch der Avocadohälften zuerst mit dem Limettensaft bestreichen und dann mit etwas Olivenöl rundherum einstreichen, mit Salz und Pfeffer würzen.

2. Die Tomaten abspülen, abtrocknen, vierteln und die Stängelansätze entfernen. Tomatenviertel entkernen und fein würfeln. Die schwarzen und grünen Oliven ebenfalls fein würfeln.

3. Knoblauch abziehen und durch eine Knoblauchpresse drücken. Thymian abspülen, trocken tupfen und die Blättchen von den Stängeln zupfen. Die Blättchen klein schneiden.

4. Tomaten- und Olivenwürfel mit Knoblauch und Thymian vermischen, restliches Olivenöl unterrühren, mit Salz und Pfeffer würzen.

5. Die Grillschalen (gefettet) auf den Grillrost des heißen Grills stellen. Die vorbereiteten Avocadohälften jeweils mit den Schnittflächen nach unten darauf verteilen. Die Avocadohälften 10–15 Minuten grillen, dann die Avocadohälften z. B. mit einer Grillzange wenden.

6. Die Oliven-Tomaten-Füllung in den Avocadohälften verteilen und dann den Grill, wenn möglich, für einige Minuten schließen oder die Grillschale mit Alufolie locker zudecken. Die Avocadohälften weitere 5–10 Minuten grillen.

TIPP:
Reichen Sie dazu ofenfrische Baguettescheiben mit Knoblauchbutter bestrichen.

BBQ-GRILLGEMÜSE

VEGAN

ZUBEREITUNGSZEIT:
20 Minuten

MARINIERZEIT:
etwa 30 Minuten

GRILLZEIT:
35–40 Minuten

ZUTATEN FÜR 4 PORTIONEN
je 1 gelbe und rote Paprikaschote
    (etwa 425 g)
4 Möhren (etwa 425 g)
1 Staudensellerie (etwa 425 g)
Salz
geschroteter bunter Pfeffer
220 ml vegane BBQ-Sauce
    (Grillsauce)

ZUSÄTZLICH:
1 Edelstahl-Grillschale
    (ohne Löcher)
etwas Speiseöl für die Grillschale

PRO PORTION:
E: 3 g, F: 2 g, Kh: 34 g, kcal: 182

1. Paprikaschoten vierteln, entstielen, entkernen und die weißen Scheidewände entfernen. Schoten abspülen und abtropfen lassen. Möhren putzen, schälen, abspülen und abtropfen lassen. Staudensellerie putzen, abspülen und abtropfen lassen.

2. Paprikaviertel, Möhren und Selleriestangen in etwa 1 cm große Würfel schneiden und in eine Schüssel geben. Die Gemüsewürfel mit Salz und Pfeffer würzen, die BBQ-Sauce unterrühren. Das Gemüse zugedeckt etwa 30 Minuten marinieren.

3. Mariniertes Gemüse mit einer Schaumkelle aus der Marinade nehmen oder das Gemüse in einem Sieb abtropfen lassen, dabei die Marinade auffangen und beiseitestellen. Gemüse in der Grillschale (gefettet) verteilen.

4. Die Grillschale auf den Grillrost des heißen Grills stellen. Das Gemüse unter gelegentlichem Rühren z. B. mit einem Grillwender bei nicht zu starker Hitze in etwa 30 Minuten bissfest grillen. Dann die beiseitegestellte Marinade unter das Gemüse rühren. Gemüse weitere 5–10 Minuten grillen.

TIPP:
Dazu warmes Baguette, frisches Bauernbrot oder Folienkartoffeln servieren.

BURGER MIT HALLOUMI

VEGETARISCH

ZUBEREITUNGSZEIT:
35 Minuten

GRILLZEIT:
4–5 Minuten

ZUTATEN FÜR 8 PORTIONEN

FÜR DEN BAUERNSALAT:
2 rote Zwiebeln (etwa 160 g)
1 Salatgurke (etwa 400 g)
4 Tomaten (etwa 300 g)
60 g abgetropfte schwarze Oliven
 (ohne Stein)
1 TL gerebelter Oregano
Salz
gem. Pfeffer
Zucker oder flüssiger Honig
2 EL Weißweinessig
4 EL Olivenöl
8 Endiviensalatblätter

4 x 250 g Halloumi
 (griechischer Grillkäse)
8 Burgerbrötchen/Buns
 (Fertigprodukt)
etwa 500 g Krautsalat
 (s. S. 140 oder Fertigprodukt)
etwa 350 g Zaziki
 (s. S. 112 oder Fertigprodukt)

ZUSÄTZLICH:
etwas Speiseöl für den Grillrost

PRO PORTION:
E: 38 g, F: 48 g, Kh: 39 g, kcal: 741

1. Für den Bauernsalat die Zwiebeln abziehen und fein würfeln. Von der Gurke die Enden abschneiden. Gurke schälen, längs halbieren, das Kerngehäuse mithilfe eines kleinen Löffels herauskratzen und das Fruchtfleisch in erbsengroße Würfel schneiden. Tomaten abspülen, abtropfen lassen, vierteln, entkernen und die Stängelansätze entfernen. Das Fruchtfleisch in kleine Würfel schneiden. Oliven vierteln.

2. Alle vorbereiteten Zutaten für den Bauernsalat in eine Schüssel geben und mit Oregano, Salz, Pfeffer, Zucker oder Honig, Weinessig und Olivenöl abschmecken. Endiviensalatblätter abspülen, abtropfen lassen oder trocken schleudern, in kleine Stücke schneiden und unter den Bauernsalat heben.

3. Den Grill für direkte Hitze bei mittlerer Temperatur (etwa 180 °C) vorbereiten und aufheizen. Grillkäse in je 2 Scheiben schneiden. Die Käsescheiben auf den heißen Grillrost (gefettet) legen und von beiden Seiten insgesamt 4–5 Minuten grillen.

4. Burgerbrötchen oder Buns waagerecht aufschneiden, kurz mit den Schnittflächen nach unten auf dem heißen Grillrost anrösten und nacheinander mit Krautsalat, gegrilltem Halloumi und Bauernsalat belegen. Den Deckel jeweils daraufsetzen und den Burger zusammen mit dem Zaziki servieren.

TIPP:
Wer mag, beträufelt die Schnittflächen der Burgerbrötchen vor dem Rösten mit etwas Olivenöl und reibt sie nach dem Grillen mit einer abgezogenen Knoblauchzehe ab.

CHINAKOHL MIT HUMMUS-FÜLLUNG

VEGAN

ZUBEREITUNGSZEIT:
60 Minuten, ohne Durchziehzeit

GRILLZEIT:
10–15 Minuten

**ZUTATEN FÜR 6 PORTIONEN
(30 PÄCKCHEN)**

FÜR DEN SALAT:
500 g Tomaten
2 Salatgurken
1 Bund glatte Petersilie
2 TL Essigbaumgewürz/Sumach
   (in türk. Lebensmittelläden
   erhältlich)
80 ml Weißweinessig
Salz, gem. Pfeffer, 1 Prise Zucker
120 ml Olivenöl

FÜR DEN HUMMUS:
1 Bund glatte Petersilie
3 Knoblauchzehen
2,4 kg Kichererbsen (aus 3 Dosen)
450 g Sesampaste
½ TL Kreuzkümmel (Cumin)
½ TL Paprikapulver edelsüß
Saft von 1 Limette

2 Köpfe Chinakohl
etwas Olivenöl zum Einstreichen

ZUSÄTZLICH:
Küchengarn
Grillschalen
etwas Speiseöl für die Grillschalen

PRO PORTION:
E: 28 g, F: 62 g, Kh: 40 g, kcal: 855

1. Für den Salat Tomaten und Gurken abspülen und abtropfen lassen. Die Tomaten in Stücke schneiden, dabei die Stängelansätze entfernen. Von den Gurken die Enden abschneiden. Die Gurken längs vierteln und ebenfalls in kleine Stücke schneiden. Petersilie abspülen, trocken tupfen und die Blättchen von den Stängeln zupfen. Die Blättchen fein schneiden.

2. Essigbaumgewürz mit Weinessig verrühren, mit Salz, Pfeffer und Zucker würzen, Olivenöl unterschlagen. Dressing mit Tomaten-, Gurkenstücken und Petersilie vermischen. Salat zugedeckt etwa 40 Minuten durchziehen lassen.

3. In der Zwischenzeit für den Hummus Petersilie abspülen, trocken tupfen und die Blättchen von den Stängeln zupfen, Blättchen klein schneiden. Knoblauch abziehen. Die Kichererbsen mit dem Fond, Sesampaste und Knoblauch in einer hohen Rührschüssel zu einer glatten Masse pürieren, mit Kreuzkümmel, Paprika, Salz, Pfeffer und Limettensaft pikant abschmecken. Klein geschnittene Petersilie unterheben.

4. Von den Chinakohlköpfen die Blätter vom Strunk lösen. Dicke Blattrippen heraus- bzw. flach schneiden. Die Blätter abspülen und abtropfen lassen. Die Blätter kurz in kochendem Wasser blanchieren und abtropfen lassen. Auf jedes Chinakohlblatt mittig 1 gehäuften Esslöffel Hummus geben, die Blätter jeweils zu Päckchen zusammenfalten und mit Küchengarn zusammenbinden.

5. Die Päckchen mit Olivenöl einstreichen und nebeneinander in die Grillschalen (ebenfalls leicht gefettet) setzen. Die Grillschalen auf den Grillrost des heißen Grills stellen. Die gefüllten Päckchen 10–15 Minuten grillen, dabei einmal wenden. Zum Servieren die Chinakohlpäckchen öffnen, bei Bedarf den Hummus herauslöffeln und den Salat dazureichen.

TIPP:
Anstelle des Chinakohls können auch Bananenblätter verwendet werden. Dafür 3 ganze Bananenblätter jeweils an der Rispe längs halbieren. Dann die Bananenblätter in 30 etwa 15 x 15 cm große Stücke schneiden, kurz in kochendem Wasser blanchieren und abtropfen lassen. Auf jedes Bananenblattstück mittig 1 gehäuften Esslöffel Hummus geben, die Blätter jeweils zu Päckchen zusammenfalten und mit Küchengarn zusammenbinden. Die Päckchen wie unter Punkt 5 beschrieben einstreichen, grillen und servieren. Achtung: Die Bananenblätter dienen nur als Grillhülle und werden nicht mitgegessen!

FOLIENKARTOFFELN MIT ZIEGENKÄSE

VEGETARISCH

ZUBEREITUNGSZEIT:
10 Minuten

GRILLZEIT:
20–30 Minuten

ZUTATEN FÜR 4 PORTIONEN
2 Knoblauchzehen
6 EL Olivenöl
½ TL Paprikapulver edelsüß
4 große Kartoffeln
2 rote Zwiebeln
gem. Pfeffer
150 g Ziegenkäse
Salz

ZUSÄTZLICH:
4 Stücke Alufolie
   (etwa 30 x 20 cm)

PRO PORTION:
E: 7 g, F: 20 g, Kh: 27 g, kcal: 322

1. Knoblauch abziehen und durch eine Knoblauchpresse drücken. Olivenöl in einer großen Schüssel mit dem Knoblauch und Paprika verrühren.

2. Kartoffeln unter fließendem kalten Wasser abbürsten und gut abtropfen lassen, nach Belieben schälen, längs achteln und zum Knoblauch-Paprika-Öl in die Schüssel geben.

3. Die marinierten Kartoffelspalten (jeweils 8 Stück) nebeneinander auf 1 Stück Alufolie legen. Mit Pfeffer würzen und mit dem restlichen Würzöl aus der Schüssel beträufeln.

4. Zwiebeln abziehen, zuerst in Scheiben schneiden, dann in Ringe teilen. Zwiebelringe auf die Kartoffelspalten legen und den Ziegenkäse mit einer groben Reibe darüberhobeln.

5. Dann die Folie jeweils gut verschließen und auf dem Grillrost des heißen Grills bei mittlerer Hitze 20–30 Minuten garen.

6. Würzen Sie die Folienkartoffeln vor dem Servieren mit Salz.

TIPPS:
Achten Sie darauf, dass Sie die Folienkartoffeln erst nach dem Grillen mit Salz würzen. Salz und Säure (z. B. aus Tomaten) lösen Aluminiumionen aus der Folie.
Wer keinen Ziegenkäse mag, ersetzt ihn durch Parmesanhobel oder lässt ihn ganz weg.

GEFÜLLTE COUSCOUS-TOMATEN

VEGAN

ZUBEREITUNGSZEIT:
50 Minuten

GRILLZEIT:
etwa 15 Minuten

**ZUTATEN FÜR
6–8 PORTIONEN:**
250 g Couscous
Wasser oder Gemüsebrühe
   (nach Packungsanleitung)

24 kleine Fleischtomaten
   (etwa 2 ½ kg)
1 Bund Frühlingszwiebeln
   (etwa 250 g)
1 Bund glatte Petersilie
3 Knoblauchzehen
2 Limetten
etwa 150 ml Olivenöl
Salz
gem. Pfeffer

1 Fladenbrot (etwa 500 g)

ZUSÄTZLICH:
2 Edelstahl-Grillschalen
   (ohne Löcher)
etwas Speiseöl für die Grillschalen

PRO PORTION:
E: 13 g, F: 24 g, Kh: 68 g, kcal: 557

1. Couscous mit Wasser oder Brühe nach Packungsanleitung zubereiten.

2. Tomaten abspülen, abtrocknen und die Stängelansätze entfernen. Von jeder Tomate einen Deckel abschneiden. Die Tomaten mit einem Kugelausstecher oder einem kleinen Löffel aushöhlen. Die Tomatendeckel fein würfeln.Frühlingszwiebeln putzen, abspülen, abtropfen lassen und in feine Scheiben schneiden. Petersilie abspülen, trocken tupfen und die Blättchen von den Stängeln zupfen. Die Blättchen fein schneiden. Knoblauch abziehen und durch eine Knoblauchpresse drücken. Die Limetten halbieren und den Saft auspressen.

3. Die Tomatenwürfel mit den Frühlingszwiebelscheiben, der Petersilie, dem Knoblauch und dem Olivenöl unter den Couscous mischen. Die Zutaten mit Salz, Pfeffer und Limettensaft würzen.Die ausgehöhlten Tomaten mit Salz und Pfeffer würzen und in die Grillschalen (gefettet) setzen. Die Tomaten mit der Couscous-Mischung füllen.

4. Die Grillschalen auf den Grillrost des heißen Grills stellen. Die Tomaten etwa 15 Minuten bei nicht zu starker Hitze grillen. Das Fladenbrot kurz mit anrösten. Die gegrillten Tomaten mit dem Fladenbrot servieren.

REZEPTVARIANTE:
Für **Tomaten mit Kartoffelfüllung** 2 kg mehligkochende Kartoffeln schälen, abspülen, in Stücke schneiden und knapp mit Wasser bedeckt in einem großen Topf zugedeckt zum Kochen bringen. 2 Teelöffel Salz hinzugeben und die Kartoffeln in etwa 30 Minuten gar kochen. In der Zwischenzeit 2 Bund Petersilie abspülen, trocken tupfen, die Blättchen von den Stängeln zupfen und fein schneiden. 24 Fleischtomaten (4 ¼–4 ½ kg) abspülen, abtrocknen und die Stängelansätze entfernen. Von den Tomaten jeweils einen Deckel abschneiden. Das Tomatenfleisch mit einem Teelöffel oder einem Kugelausstecher herauslösen. Die ausgehöhlten Tomaten innen und außen mit insgesamt 100 ml Rapsöl einstreichen, mit Salz und gemahlenem Pfeffer würzen. Die garen Kartoffeln abgießen und mit einem Stampfer zerdrücken. Petersilie und 600 g Schmand (Sauerrahm) unter den Kartoffelstampf rühren. Mit Salz, Pfeffer und Muskat abschmecken. Die ausgehöhlten Tomaten mithilfe eines Löffels mit der Kartoffelmasse füllen. Die gefüllten Tomaten in Grillschalen (gefettet) setzen. Die Grillschalen locker mit Alufolie zudecken. Die Grillschalen auf den Grillrost des heißen Grills stellen und die gefüllten Tomaten etwa 20 Minuten grillen.

GEGRILLTE ANTIPASTI-SPIESSE

VEGAN

ZUBEREITUNGSZEIT:
40 Minuten

MARINIERZEIT:
etwa 30 Minuten

GRILLZEIT:
10–12 Minuten

ZUTATEN FÜR 10 PORTIONEN
2 Knollen Rote Bete
2 dicke Möhren
1 Kohlrabi
1 Pastinake
1 kleiner Hokkaido- oder
   Butternusskürbis
2 Knoblauchzehen
8 EL Erdnussöl

5 Rosenkohlröschen
Salz
2 große Zwiebeln
½ TL Currypulver
1 Msp. gem. Zimt
1 Msp. Pfefferkuchengewürz
8 EL Sonnenblumenöl

gem. Pfeffer
8 EL Balsamico-Essig
5 EL Erdnussöl

ZUSÄTZLICH:
20 Bambusspieße (etwa 10 cm
   lang, in Wasser eingelegt)
etwa Speiseöl für den Grillrost

PRO PORTION:
E: 3 g, F: 12 g, Kh: 12 g, kcal: 171

1. Rote Bete, Möhren, Kohlrabi und die Pastinake putzen, schälen, abspülen, trocken tupfen und schräg in 3–4 mm dicke Scheiben schneiden. Den Kürbis evtl. schälen, abspülen, abtropfen lassen und vierteln. Fasern und Kerne entfernen. Kürbis in dünne Spalten schneiden. Knoblauch abziehen und durch eine Knoblauchpresse drücken.

2. Das vorbereitete Gemüse in einer großen Schüssel mit Knoblauch und Erdnussöl vermischen, zugedeckt etwa 30 Minuten marinieren.

3. In der Zwischenzeit den Rosenkohl putzen, abspülen, abtropfen lassen und in kochendem Salzwasser etwa 5 Minuten garen. Rosenkohl mit einer Schaumkelle herausnehmen, mit kaltem Wasser abschrecken, abtropfen lassen und halbieren. Die Zwiebeln abziehen und in je 10 Scheiben schneiden. Curry, Zimt und Pfefferkuchengewürz mit dem Sonnenblumenöl verrühren.

4. Je 1 Rosenkohlhälfte und 2 Zwiebelscheiben auf einen Spieß stecken (die Zwiebelscheiben sollen dabei nicht auseinanderfallen), mit etwas Gewürzöl bestreichen und ebenfalls kurz durchziehen lassen.

5. Mariniertes Gemüse abtropfen lassen und abwechselnd auf die restlichen Spieße stecken. Die Spieße von beiden Seiten auf dem Grillrost (gefettet) des heißen Grills 10–12 Minuten grillen, bis sich dunkle Spitzen zeigen. Während des Grillens das Gemüse mit Salz und Pfeffer würzen und nochmals mit der restlichen Marinade bestreichen.

6. Die Spieße vom Grillrost nehmen, auf eine Servierplatte legen und mit Balsamico-Essig und Erdnussöl beträufeln. Die Antipasti-Spieße servieren.

GEGRILLTE PIZZA MARGHERITA

VEGETARISCH

ZUBEREITUNGSZEIT:
45 Minuten

TEIGGEH-/RUHEZEIT:
2 ¾–3 Stunden

GRILLZEIT:
8–12 Minuten je Pizza

ZUTATEN FÜR 6 PIZZEN

FÜR DEN PIZZATEIG:
600 g Weizenmehl (Type 550)
1 Pck. Trockenbackhefe
300 ml warmes Wasser
1 geh. EL Salz, ½ EL Zucker
4 EL Olivenöl

FÜR DIE PIZZASAUCE:
400 g passierte Tomaten
    (aus der Dose)
1 TL Oregano oder Basilikum
    (gerebelt)
1–2 EL Olivenöl
1 Prise Zucker, Salz, gem. Pfeffer

FÜR DEN BELAG:
210 g ger. Pizzakäse
2 Mozzarellakugeln
30 Cocktailtomaten (etwa 300 g)
Basilikumblättchen

ZUSÄTZLICH:
1 Pizzastein für den Grill
    (Ø mind. 22 cm)
1 Pizzaschieber

PRO STÜCK:
E: 27 g, F: 30 g, Kh: 75 g, kcal: 693

1. Für den Pizzateig Mehl in eine Rührschüssel geben und mit der Trockenbackhefe sorgfältig vermischen. Wasser, Salz, Zucker und Olivenöl hinzufügen. Die Zutaten mit einem Mixer (Knethaken) zunächst kurz auf niedrigster, dann den Teig 5–6 Minuten auf mittlerer Stufe kneten, bis ein geschmeidiger Teig entsteht. Den Teig kurz aus der Rührschüssel nehmen, zu einer Kugel formen und wieder in die Rührschüssel zurückgeben. Den Teig mit einem Geschirrtuch zugedeckt an einem warmen Ort so lange gehen lassen, bis sich der Teig sichtbar vergrößert hat, 1 ½–2 Stunden.

2. Den gegangenen Teig in 6 gleich große Portionen teilen und jeweils zu Kugeln formen. Die Kugeln mit einem Geschirrtuch oder mit Frischhaltefolie zugedeckt nochmals 45–60 Minuten gehen lassen.

3. Für die Pizzasauce die passierten Tomaten in einer Schüssel mit den Kräutern und dem Olivenöl verrühren. Sauce mit Zucker, Salz und Pfeffer würzen.

4. Den Grill für indirektes Grillen mit möglichst hoher Temperatur (250–300 °C) vorbereiten. Den Pizzastein mittig auf den Grillrost legen und mindestens 10–15 Minuten warten, bis sich der Stein aufgeheizt hat.

5. Die Teigkugeln nacheinander auf einer gut bemehlten Arbeitsfläche auf die Größe des Pizzasteins ausrollen. Pizzasauce gleichmäßig auf der ausgerollten Teigfläche verteilen. Dabei rundherum einen kleinen Rand frei lassen.

6. Für den Belag Mozzarella abtropfen lassen und in Scheiben schneiden. Cocktailtomaten abspülen, trocken tupfen und halbieren oder in 3 Scheiben schneiden, dabei die Stängelansätze entfernen. Pizzakäse auf der Sauce verteilen. Dann die Pizza nacheinander mit Mozzarellascheiben und Cocktailtomaten belegen.

7. Die erste Pizza (z. B. mit einem Pizzaschieber) auf dem Pizzastein ablegen und den Deckel des Grills schließen. Die Pizza 8–12 Minuten backen. Die Pizza bei Bedarf nach der Hälfte der Backzeit um 180 °C drehen, damit sie rundherum gleichmäßig bräunt. Die fertige Pizza vom Stein nehmen, in portionsgroße Stücke schneiden, mit einigen abgespülten, trocken getupften Basilikumblättchen garnieren und servieren. Mit den restlichen Pizzen auf die gleiche Weise verfahren.

HALLOUMI-SPIESSE

VEGETARISCH

ZUBEREITUNGSZEIT:
40 Minuten

GRILLZEIT:
10–15 Minuten

ZUTATEN FÜR 6 SPIESSE

FÜR DIE SPIESSE:
750 g Halloumi-Käse
3 grüne Paprikaschoten
   (etwa 750 g)
6 rote Zwiebeln (etwa 230 g)

FÜR DIE MARINADE:
2 Knoblauchzehen
einige Stängel Thymian
10 Pfefferminzeblättchen
250 ml Olivenöl
gem. Pfeffer

ZUSÄTZLICH:
6 Grillspieße (etwa 30 cm lang,
   z. B. Bambusspieße, über Nacht
   in Wasser eingelegt)
etwas Speiseöl für den Grillrost

PRO SPIESS:
E: 36 g, F: 41 g, Kh: 5 g, kcal: 537

1. Den Halloumi-Käse in mundgerechte Stücke schneiden.

2. Paprikaschoten halbieren, entstielen, entkernen und die weißen Scheidewände entfernen. Schoten abspülen, abtropfen lassen und in mundgerechte Stücke schneiden. Zwiebeln abziehen, vierteln und in einzelne Segmente zerlegen.

3. Paprikastücke, Zwiebelsegmente und Käse gleichmäßig verteilt und abwechselnd auf die Spieße stecken. Die Spieße nebeneinander in eine große, flache Schale legen.

4. Für die Marinade Knoblauch abziehen und fein würfeln. Thymian und Minzeblättchen abspülen, trocken tupfen und die Blättchen von den Thymianstängeln zupfen. Thymian- und Minzeblättchen fein schneiden, mit dem Olivenöl verschlagen. Knoblauch unterrühren.

5. Die Käsespieße mit Pfeffer würzen und mit der Ölmischung rundherum einstreichen.

6. Die Spieße auf dem Grillrost (gefettet) des heißen Grills bei nicht zu starker Hitze 10–15 Minuten grillen, dabei gelegentlich wenden.

TIPPS:
Die Spieße können Sie auch auf einer gefetteten Grillplatte oder in gefetteten Edelstahl-Grillschalen grillen.
Die Spieße zum Servieren mit fein geschnittenen Thymian- und Pfefferminzeblättchen bestreuen.

KÜRBIS IM MANGOLDBLATT

VEGETARISCH

ZUBEREITUNGSZEIT:
40 Minuten

GRILLZEIT:
etwa 20 Minuten

ZUTATEN FÜR 20 PÄCKCHEN:
20 große Mangoldblätter
Salz

FÜR DIE FÜLLUNG:
1 Hokkaido-Kürbis (vorbereitet
   gewogen etwa 750 g)
2 rote Zwiebeln
2 Knoblauchzehen
1 rote Pfefferschote
2 Stängel Rosmarin
100 g geröstete Kürbis-, Cashew-
   oder Walnusskerne
300 g Ziegenfrischkäse
2–3 EL flüssiger Honig
4 EL Olivenöl
gem. Pfeffer
etwas Speiseöl zum Bestreichen
   der Päckchen

ZUSÄTZLICH:
Küchengarn

PRO PÄCKCHEN:
E: 3 g, F: 6 g, Kh: 6 g, kcal: 90

1. Mangoldblätter putzen. Die Stiele aus den Blättern schneiden. Die Blätter abspülen, in kochendem Salzwasser blanchieren, in Eiswasser abschrecken und mit einem Geschirrtuch trocken tupfen.

2. Für die Füllung Kürbis abspülen, abtrocknen, halbieren und Fasern, Kerne und holzige Enden entfernen. Kürbishälften zuerst in Spalten, dann in kleine Stücke schneiden. Zwiebeln und Knoblauch abziehen. Zwiebeln fein würfeln. Knoblauch durch eine Knoblauchpresse drücken. Pfefferschote längs halbieren, entstielen und entkernen. Pfefferschote in feine Ringe oder Würfel schneiden. Rosmarin abspülen, trocken tupfen und die Nadeln von den Stängeln zupfen, Nadeln klein schneiden.

3. Das vorbereitete Gemüse (bis auf die Mangoldblätter) mit Rosmarin, den Kürbis- und Nusskernen, Ziegenfrischkäse, Honig und Olivenöl in einer Schüssel verrühren. Die Gemüsemasse mit Salz und Pfeffer würzen.

4. Zwei bis drei Mangoldblätter auf der Arbeitsfläche auslegen und jeweils etwas von der Füllung daraufgeben. Die Seiten der Blätter zur Mitte klappen und zu einem kleinen Paket zusammenrollen. Mit Küchengarn fixieren. Restlichen Mangoldblätter und Füllung auf die gleiche Weise zubereiten.

5. Die Päckchen rundherum mit etwas Speiseöl bestreichen und auf dem heißen Grill (am besten auf einer Grillplatte oder in einer hitzebeständigen Pfanne oder Form) bei indirekter Hitze (etwa 180 °C) 15–20 Minuten grillen. Dabei die Päckchen 2–3-mal wenden.

TIPP:
Statt Mangoldblätter können auch Wirsing-, Rote-Bete-, Kohlrabi- oder Chinakohlblätter verwendet werden.

ROTE-BETE-SPIESSE MIT KRÄUTER-QUARK

VEGETARISCH

ZUBEREITUNGSZEIT:
40 Minuten

GRILLZEIT:
etwa 15 Minuten

ZUTATEN FÜR 6 SPIESSE

FÜR DIE SPIESSE:
12 gleich große Knollen Rote Bete
    (etwa 1 kg, vorgegart, vakuum-
    verpackt)
Salz, gem. Pfeffer
gem. Kümmel
etwas Pflanzenöl
    zum Einstreichen

FÜR DEN KRÄUTER-QUARK:
1 kleines Bund glatte Petersilie
10–15 Kapuzinerkresseblätter
500 g Speisequark (40 % Fett)
1 TL Kümmelsamen

FÜR DAS KNOBLAUCHBROT:
3 Knoblauchzehen
2 EL Pflanzenöl
1 kleines Bauernbrot (etwa 500 g)

ZUSÄTZLICH:
12 Grillspieße (etwa 25 cm lang,
    z. B. Bambusspieße, über Nacht
    in Wasser eingelegt)
etwas Pflanzenöl für den Grillrost

PRO SPIESS:
E: 18 g, F: 17 g, Kh: 57 g, kcal: 464

1. Rote-Bete-Knollen mit Küchenpapier abtupfen und halbieren. Jeweils 4 Rote-Bete-Hälften auf 2 Spieße stecken, mit Salz, Pfeffer und Kümmel würzen.

2. Die Spieße mit etwas Pflanzenöl einstreichen und nebeneinander in eine flache Form legen.

3. Für den Kräuter-Quark Petersilie und Kapuzinerkresseblätter abspülen und trocken tupfen. Die Petersilienblättchen von den Stängeln zupfen. Kapuzinerkresseblätter und Petersilienblättchen fein schneiden, mit dem Quark verrühren. Den Quark mit Salz, Pfeffer und Kümmel abschmecken.

4. Für das Knoblauchbrot Knoblauch abziehen, fein würfeln oder durch eine Knoblauchpresse drücken und mit dem Pflanzenöl vermischen. Das Brot in etwa 2 cm dicke Scheiben schneiden und mit dem Knoblauchöl einstreichen.

5. Die Spieße auf dem Grillrost (gefettet) des heißen Grills bei nicht zu starker Hitze etwa 15 Minuten grillen, dabei gelegentlich wenden. Die bestrichenen Knoblauchbrotscheiben ebenfalls von beiden Seiten kurz knusprig grillen.

6. Die Rote-Bete-Spieße mit dem Kräuter-Quark und den gerösteten Brotscheiben servieren.

TIPP:
Die Spieße zum Servieren mit grob gemahlenem Pfeffer bestreuen.

SCHAFSKÄSE-GEMÜSE-PFÄNNCHEN

VEGETARISCH

ZUBEREITUNGSZEIT:
45 Minuten

GRILLZEIT:
15–20 Minuten

ZUTATEN FÜR 12 PORTIONEN
3 rote Paprikaschoten
3 Zucchini
36 Cocktailtomaten
600 g Schafskäse
3 TL gerebelter Rosmarin
etwa 50 g geröstete Cashewkerne
3–6 EL Zitronensaft
etwa 120 ml Olivenöl
Salz
gem. Pfeffer

ZUSÄTZLICH:
12 Bögen Alufolie
 (je etwa 30 x 20 cm)
Backpapier

PRO PORTION:
E: 10 g, F: 24 g, Kh: 4 g, kcal: 279

1. Die Paprikaschoten halbieren, entstielen, entkernen und die weißen Scheidewände entfernen. Schoten abspülen, abtropfen lassen und in mundgerechte Stücke schneiden. Die Zucchini abspülen, abtrocknen und die Enden abschneiden. Zucchini halbieren und in Würfel schneiden.

2. Die Cocktailtomaten abspülen, abtrocknen und halbieren, dabei die Stängelansätze entfernen. Den Schafskäse ebenfalls in Würfel schneiden.

3. Die Paprikastücke, Zucchini- und Schafskäsewürfel mit den Tomaten, dem Rosmarin und den Cashewkernen in eine Schüssel geben. Zitronensaft und Olivenöl hinzugeben. Die Zutaten gut vermischen, mit Salz und Pfeffer würzen.

4. Aus doppelt gefalteter Alufolie 12 rechteckige Formen falten. Aus dem Backpapier 12 Stücke in der Größe der Aluformen schneiden und je eine Form damit auslegen. Die Gemüsemischung in 12 Portionen teilen und in den Aluförmchen verteilen.

5. Die Gemüsepfännchen auf den Grillrost des heißen Grills legen. Die Gemüsemischung bei nicht zu starker Hitze 15–20 Minuten grillen.

TIPPS:
Anstelle der selbst gemachten Pfännchen können Sie auch kleine Edelstahl- bzw. Gusseisenpfännchen oder feuerfeste, spanische Tapasschalen zum Grillen verwenden.
Anstelle der Cashewkerne können z.B. auch Pinienkerne, Erd- oder Walnüsse verwendet werden.
Rosmarinzweige und kleine rote und grüne Chilischoten abspülen, abtropfen lassen und auf dem Grill mitgrillen. Rosmarin sorgt für Aroma und die Chilischoten sind eine perfekte Ergänzung zum mediterranen Gemüse.
Falten Sie die „Alu-Pfännchen" vorab. Das Gemüse mit dem Schafskäse können Sie bis einschließlich Punkt 3 einige Stunden vor dem Grillen vorbereiten und zugedeckt in den Kühlschrank stellen.

REZEPTVARIANTE:
Für **Zucchini-Käse-Pfännchen** 12 kleine Zucchini putzen, abspülen und abtrocknen. Die Enden abschneiden. Die Zucchini längs bis kurz vor dem Ende 3-mal einschneiden. 18 Scheiben Raclettekäse längs halbieren. In jeden Zucchini-Einschnitt 1 Scheibe Raclettekäse stecken. Die Zucchini mit Salz und Pfeffer würzen. Zucchini-Käse-Pfännchen etwa 15 Minuten garen. Dann die Zucchini-Käse-Pfännchen mit Paprikapulver bestreuen und servieren.

SEITAN-„STEAKS"

VEGAN

ZUBEREITUNGSZEIT:
15 Minuten

RUHEZEIT:
30 Minuten

GARZEIT:
30 Minuten

GRILLZEIT:
4–6 Minuten

**ZUTATEN FÜR
8–10 SEITAN-„STEAKS"**
2–3 Knoblauchzehen
4 EL Tomatenmark
4 EL Sojasauce
4 EL mittelscharfer Senf
4 EL Sonnenblumenöl
2 EL geräuchertes Paprikapulver
1 EL gerebelter Majoran
500 g Seitan-Basis
300–500 ml kräftige kalte
    Gemüsebrühe für den Teig
Salz
gem. Pfeffer

etwa 1,2 l Gemüsebrühe

**PRO „STEAK"
(BEI 8 „STEAKS"):**
E: 49 g, F: 8 g, Kh: 12 g, kcal: 306

1. Knoblauch abziehen, durch eine Knoblauchpresse drücken und in eine große Schüssel geben. Tomatenmark, Sojasauce, Senf, Sonnenblumenöl, Paprika und Majoran hinzugeben und gut unterrühren.

2. Nach und nach Seitan-Basis und Brühe hinzugeben und alles zu einem glatten Teig verkneten. Mit Salz und Pfeffer würzen. Den Teig zu einem länglichen Brotlaib formen und zugedeckt etwa 30 Minuten ruhen lassen.

3. Den Teiglaib mit dem Messer in 8–10 Scheiben schneiden.

4. Die Brühe in einem Topf zum Kochen bringen. Die „Steak"-Scheiben nach und nach (damit sie nicht zusammenkleben) hineingeben und in der Brühe bei schwacher Hitze etwa 30 Minuten gar ziehen lassen. Anschließend die „Steak"-Scheiben mit einer Schaumkelle aus der Brühe heben, auf Küchenpapier legen und erkalten lassen.

5. Die pflanzlichen „Steaks" pur auf den Grillrost (gefettet) des heißen Grills legen und bei mittlerer Hitze von jeder Seite 2–3 Minuten grillen.

TIPPS:
Die „Steaks" halten sich vorgegart und zugedeckt 2–3 Tage im Kühlschrank. Sie können auch eingefroren werden.
Die „Steaks" nach dem Grillen mit jeweils 2 Teelöffeln BBQ-Honig-Sauce bestreichen. Hierfür je Steak 1 Teelöffel BBQ-Sauce mit der gleichen Menge Honig verrühren.

TOFU-„STEAKS"
MIT SALBEI

VEGETARISCH

ZUBEREITUNGSZEIT:
30–40 Minuten

GRILLZEIT:
etwa 15 Minuten je Portion

ZUTATEN FÜR 6 PORTIONEN

FÜR DAS RUCOLA-PESTO:
100 g Rucola (Rauke)
1 Knoblauchzehe
20 g gem. Haselnusskerne
20 g ger. Parmesan
200 ml Olivenöl
Salz
gem. Pfeffer

600 g Tofu
6 Fleischtomaten (etwa 600 g)
36 Salbeiblätter
200 ml Pflanzenöl
etwa 3 EL Sojasauce

ZUSÄTZLICH:
2 Edelstahl-Grillschalen
   (ohne Löcher)
etwas Speiseöl für den Grillrost

PRO PORTION:
E: 19 g, F: 59 g, Kh: 7 g, kcal: 633

1. Für das Rucola-Pesto Rucola abspülen und trocken tupfen. Grobe Stiele abschneiden. Knoblauch abziehen. Rucola und Knoblauch in einen hohen Rührbecher geben und pürieren. Haselnusskerne, Parmesan und Olivenöl hinzugeben. Die Zutaten nochmals pürieren. Das Pesto mit Salz und Pfeffer abschmecken.

2. Tofu in 12 etwa 2 cm dicke Scheiben schneiden. Tomaten abspülen, abtrocknen, halbieren und die Stängelansätze entfernen. Tomaten in Würfel schneiden. Die Salbeiblätter abspülen und trocken tupfen.

3. Etwa 100 ml von dem Pflanzenöl in eine der Grillschalen gießen. Die Grillschale auf den Grillrost des heißen Grills stellen. Das Pflanzenöl erhitzen. Die Tofu-Scheiben darin in etwa 10 Minuten portionsweise von beiden Seiten grillen. Die Tofu-„Steaks" aus der Grillschale nehmen und am Rand des heißen Grillrostes (gefettet) warm halten.

4. Die Tomatenwürfel im verbliebenen Fett der Grillschale andünsten, mit Salz und Pfeffer würzen. Die gebratenen Tofu-„Steaks" auf die Tomatenwürfel setzen. Das Ganze leicht weiterschmoren.

5. Das restliche Pflanzenöl in der zweiten Grillschale erhitzen. Die Salbeiblätter darin kurz angrillen.

6. Tofu-„Steaks" mit dem Tomatenragout und den gegrillten Salbeiblättern anrichten, mit etwas Sojasauce beträufeln. Das Pesto dazureichen.

ZUCCHINI-FÄCHER MIT BUTTERKÄSE

VEGETARISCH

ZUBEREITUNGSZEIT:
20 Minuten

GRILLZEIT:
10–12 Minuten

ZUTATEN FÜR 4 PORTIONEN
2 EL Pistazienkerne
2 EL Semmelbrösel
1 Stängel Rosmarin
4 EL ger. Butterkäse
Salz
gem. bunter Pfeffer
4 kleine Zucchini
    (je etwa 15 cm lang, 100–120 g)
4 EL Olivenöl

ZUSÄTZLICH:
etwas Speiseöl für den Grillrost
evtl. Alufolie

PRO PORTION:
E: 7 g, F: 17 g, Kh: 8 g, kcal: 209

1. Die Pistazienkerne grob hacken und in einer Pfanne ohne Fett unter Wenden anrösten. Dann die Pistazienkerne aus der Pfanne nehmen. Die Semmelbrösel in der Pfanne ebenfalls unter Wenden anrösten.

2. Rosmarin abspülen, trocken tupfen und die Nadeln von dem Stängel zupfen. Die Nadeln fein schneiden. Mit Semmelbröseln, geriebenem Käse und Pistazienkernen in einer Schüssel vermengen. Die Brösel-Käse-Mischung mit Salz und Pfeffer würzen.

3. Zucchini abspülen, abtrocknen. Zucchini mit einem scharfen Messer längs in etwa 5 mm dicke Scheiben schneiden, dabei die Stielansätze nicht durchschneiden.

4. Zucchini auffächern und auf dem Grillrost (gefettet) des heißen Grills bei mittlerer Hitze insgesamt 10–12 Minuten grillen. Dabei die Fächer einmal vorsichtig wenden, mit Salz und Pfeffer würzen. Darauf achten, dass die Zucchini nach dem Wenden immer noch aufgefächert auf dem Grillrost liegen (die Fächer sollen dabei nicht zu weit aufgespreizt werden, es soll noch eine geschlossene Oberfläche bestehen, damit der Käse später nicht in die Glut tropft).

5. Brösel-Käse-Mischung auf den Zucchinifächern verteilen und mit Olivenöl beträufeln. Brösel-Käse-Mischung schmelzen lassen, dabei den Grill, wenn möglich, für einige Minuten schließen oder die Fächer evtl. mit Alufolie locker zudecken.

TIPP:
Statt der Pistazienkerne können Pinienkerne oder verschiedene gehackte, geröstete Nusskerne verwendet werden.

MARINADEN, SAUCEN, DIPS & CO.

BBQ-SAUCEN-TRIO

BIER-BBQ-SAUCE (IM BILD OBEN, 400–500 ML):

MIT ALKOHOL

ZUBEREITUNGSZEIT:
60 Minuten

ZUTATEN FÜR 12 PORTIONEN
1 kleine Zwiebel
1 Knoblauchzehe
1 Bio-Limette (unbehandelt, ungewachst)
250 g Tomatenketchup
250 g Sweet Chilisauce
330 ml helles Bier
2 EL Sherryessig
1 TL Chilipulver
1 TL gem. bunter Pfeffer

PRO PORTION:
E: 1 g, F: 0 g, Kh: 12 g, kcal: 82

Zwiebel und Knoblauch abziehen und sehr fein würfeln. Die Limette heiß abwaschen, abtrocknen und die Schale fein abreiben. Die Limette halbieren und den Saft auspressen. Zwiebel- und Knoblauchwürfel, Limettenschale und -saft mit den restlichen Zutaten in einem Topf unter Rühren zum Kochen bringen und bei mittlerer Hitze sirupartig einkochen lassen (20–30 Minuten).

WHISKEY-BBQ-SAUCE (IM BILD UNTEN, 500–600 ML):

MIT ALKOHOL

ZUBEREITUNGSZEIT:
60 Minuten

ZUTATEN FÜR 12 PORTIONEN
1 Zwiebel, 2 EL Olivenöl
250 g brauner Zucker
250 ml Sherryessig
250 ml Bourbon-Whiskey
250 g Tomatenketchup
5 EL sehr starker Espresso
Salz, Tabascosauce

PRO PORTION:
E: 1 g, F: 2 g, Kh: 26 g, kcal: 176

Die Zwiebel abziehen und sehr fein würfeln. Das Olivenöl in einem Topf erhitzen. Die Zwiebelwürfel darin glasig dünsten. Den Zucker hinzugeben und leicht karamellisieren lassen, mit Essig und Whiskey ablöschen. Den Ketchup unterrühren und alles bei mittlerer Hitze einkochen lassen, dabei gelegentlich umrühren, bis die Flüssigkeit sirupartig ist. Espresso hinzugeben und unterrühren. Die Sauce mit Salz und Tabasco abschmecken.

SCHNELLE BBQ-SAUCE (IM BILD LINKS, ETWA 600 ML):

ZUBEREITUNGSZEIT:
60 Minuten

ZUTATEN FÜR 12 PORTIONEN
250 g Tomatenketchup
125 g Tomatenmark
125 ml Sherryessig
3 EL Melasse (aus dem Reformhaus) oder Zuckerrübensirup
2 EL Worcestersauce
1 TL scharfer Senf

PRO PORTION:
E: 1 g, F: 0 g, Kh: 11 g, kcal: 55

Alle Zutaten in einem Topf unter Rühren zum Kochen bringen und sirupartig einkochen lassen (10–15 Minuten).

TIPPS:
Die BBQ-Saucen warm oder kalt servieren. Die Saucen schmecken ausgezeichnet zu Burgern, Spareribs und anderem gegrillten Fleisch. Übrig gebliebene Saucenreste halten sich zugedeckt im Kühlschrank etwa 2 Wochen.

CHILI-, LIMETTEN- UND KRÄUTERBUTTER

VEGETARISCH

ZUBEREITUNGSZEIT:
30 Minuten

ZUTATEN FÜR DIE BUTTER-VARIATIONEN (JEWEILS 250 G)
750 g Butter (zimmerwarm)
Meersalz, z. B. Fleur de Sel
gem. Pfeffer

abger. Schale und Saft von
    1 Bio-Limette (unbehandelt,
    ungewachst)

2 rote Chilischoten
oder 1 TL Chilischoten-Paste

1 kleine Zwiebel
3 Knoblauchzehen
5 EL klein geschnittene Petersilie
je 2–3 EL klein geschnittener
    Estragon und Kerbel
7–8 klein geschnittene Pfeffer-
    minzblättchen
Zucker oder flüssiger Honig

ZUSÄTZLICH:
3 Bögen Frischhaltefolie und
    Backpapier (etwa 30 cm lang)

PRO 20 G CHILIBUTTER:
E: 0 g, F: 14 g, Kh: 0 g, kcal: 130

PRO 20 G LIMETTENBUTTER:
E: 0 g, F: 14 g, Kh: 0 g, kcal: 126

PRO 20 G KRÄUTERBUTTER:
E: 0 g, F: 10 g, Kh: 1 g, kcal: 97

1. Für die Buttervariationen die Butter mit einem Mixer (Rührstäbe) auf höchster Stufe schaumig schlagen, bis sie leicht weißlich ist und ihr Volumen sich fast verdoppelt hat. Butter mit Meersalz und Pfeffer abschmecken und in 3 gleich große Portionen teilen.

2. Für die **Limettenbutter** Limettenschale und -saft unter eine Butterportion geben und gut verrühren.

3. Für die **Chilibutter** die Chilischoten abspülen, trocken tupfen, halbieren, entstielen, entkernen und in kleine Stücke schneiden. Chilischotenstücke oder Chilischoten-Paste unter die zweite Butterportion geben und gut verrühren.

4. Für die **Kräuterbutter** Zwiebel und Knoblauch abziehen, fein würfeln. Klein geschnittene Kräuter, Zwiebel-, Knoblauchwürfcl und 1 kräftige Prise Zucker oder Honig zur letzten Butterportion geben und mit dem Mixer (Rührstäbe) auf mittlerer Stufe verrühren.

5. Die Buttermischungen getrennt voneinander zu Rollen formen. Hierfür die Buttermischungen jeweils auf den unteren Teil 1 Frischhaltefolienbogens legen, einrollen und wie ein Bonbon an beiden Enden fest zusammendrehen. Dabei die Butter zu einer gleichmäßigen, festen Rolle formen. Dann in das Backpapier einrollen und auch wie ein Bonbon an den Enden zusammendrehen.

6. Die Butter bis zum Verbrauch in den Kühlschrank legen oder einfrieren.

TIPP:
Die Kräuter für die Kräuterbutter kann man beliebig austauschen.

CURRY- UND SATÉ-SAUCE

VEGETARISCH

ZUBEREITUNGSZEIT:
je 10 Minuten, ohne Kochzeit

**ZUTATEN FÜR
JE 10 PORTIONEN**

CURRY-SAUCE:
1 Zwiebel (etwa 80 g)
1 Knoblauchzehe
1 kleines Stück frischer Ingwer
2 EL Erdnussöl
1 TL gelbe oder rote Currypaste
3 TL Currypulver
200 g Schlagsahne
400 ml Kokosmilch
100 g Aprikosen- oder
    Mangokonfitüre
Salz, flüssiger Honig

INSGESAMT:
E: 12 g, F: 159 g, Kh: 82 g,
kcal: 1808

SATÉ-SAUCE:
1–2 Knoblauchzehen
3 EL dunkles Sesamöl
1 ½ TL rote Currypaste
375 ml Kokosmilch
6 EL Erdnussbutter
    (Erdnusscreme, crunchy)
Salz, etwas Zucker

INSGESAMT:
E: 30 g, F: 160 g, Kh: 40 g,
kcal: 1780

1. Für die **Curry-Sauce** Zwiebel und Knoblauch abziehen. Zwiebel fein würfeln. Knoblauch durch eine Knoblauchpresse drücken. Ingwer evtl. schälen, fein würfeln oder reiben.

2. Erdnussöl in einem Topf erhitzen. Zwiebelwürfel darin 2–3 Minuten andünsten, ohne Farbe nehmen zu lassen. Knoblauch, Currypaste und Ingwer hinzugeben und etwa 2 Minuten mit andünsten. Curry unterrühren, Sahne und Kokosmilch hinzugießen. Konfitüre hinzugeben, glatt rühren und alles zum Kochen bringen. Die Currysauce unter gelegentlichem Rühren etwa 15 Minuten einkochen lassen. Dann die Sauce mit einem Pürierstab pürieren, mit Salz und Honig abschmecken. Die Currysauce warm oder kalt servieren.

3. Für die **Saté-Sauce** Knoblauch abziehen und durch eine Knoblauchpresse drücken oder sehr fein würfeln. Sesamöl in einem Topf erhitzen. Knoblauchwürfel und Currypaste darin leicht andünsten, aber keine Farbe nehmen lassen.

4. Die Knoblauch-Curry-Mischung mit Kokosmilch ablöschen und einmal aufkochen lassen. Den Topf von der Kochstelle nehmen und die Erdnussbutter unterrühren. Die Saté-Sauce mit Salz und Zucker würzen und warm oder kalt servieren.

TIPPS:
Ergibt etwa 600 ml Curry-Sauce und etwa 600 ml Saté-Sauce.
Für mehr Fruchtigkeit in der Curry-Sauce etwa 100 g Mango-, Pfirsich- oder Ananasfruchtfleisch in erbsengroße Würfel schneiden, nach dem Pürieren hinzugeben und in der Sauce aufkochen.
Die Curry-Sauce ist in gut verschlossenen Gläsern im Kühlschrank etwa 1 Wochen haltbar.
Für die Saté-Sauce je nach Geschmack etwas mehr oder weniger Currypaste verwenden. Für eine cremigere Konsistenz etwas mehr Erdnussbutter unterrühren.
Beide Saucen schmecken besonders gut zu Saté-Spießen.
Die Saté-Sauce ist in gut verschlossenen Gläsern im Kühlschrank 3–4 Tage haltbar.
Die Saucen sind zum Vorbereiten und auch zum Mitnehmen für eine Grillparty gut geeignet.

GEMÜSE-RELISH

VEGETARISCH

ZUBEREITUNGSZEIT:
70 Minuten

HALTBARKEIT:
kühl und dunkel gestellt etwa
6 Monate

ZUTATEN FÜR 6 GLÄSER JE ETWA 200 ML

2 Gemüsezwiebeln
500 g rote und grüne Paprikaschoten
500 g Zucchini
2 Knoblauchzehen
6 EL Olivenöl
300 g Fleischtomaten
375 ml Weißweinessig
200 ml Tomatensaft
2 EL Tomatenmark
2 gestr. TL Salz
2 gestr. EL Paprikapulver edelsüß
1 gestr. TL Currypulver
gem. Pfeffer
Cayennepfeffer
500 g Extra Gelierzucker 2:1

ZUSÄTZLICH:
6 Gläser mit Schraubdeckeln

INSGESAMT:
E: 25 g, F: 65 g, Kh: 560 g,
kcal: 3004

1. Gemüsezwiebeln abziehen, in kleine Würfel schneiden und 400 g abwiegen. Paprikaschoten halbieren, entstielen, entkernen und die weißen Scheidewände entfernen. Schoten abspülen, trocken tupfen, in kleine Würfel schneiden und insgesamt 400 g abwiegen.

2. Zucchini abspülen, abtrocknen und die Enden abschneiden. Zucchini längs halbieren, in kleine Würfel schneiden und 400 g abwiegen. Knoblauch abziehen und klein würfeln. Olivenöl in einem Topf erhitzen. Vorbereitete Gemüsewürfel darin evtl. portionsweise einige Minuten andünsten.

3. Tomaten kreuzweise einschneiden und mit kochendem Wasser übergießen. Nach 1–2 Minuten herausnehmen und mit kaltem Wasser abschrecken. Tomaten häuten, halbieren, entkernen und die Stängelansätze herausschneiden. Tomatenhälften in Würfel schneiden und 200 g abwiegen.

4. Tomatenwürfel mit Essig, Tomatensaft, -mark, Salz, Paprika, Curry, Pfeffer, Cayennepfeffer und Extra Gelierzucker zu den angedünsteten Gemüsewürfeln in den Topf geben, unter Rühren zum Kochen bringen und etwa 15 Minuten kochen lassen, dabei ab und zu umrühren.

5. Nach Belieben die Gemüsemasse nach dem Kochen so lange pürieren, bis die Hälfte musig ist. Dann gut verrühren und nochmals aufkochen lassen.

6. Relish sofort randvoll in vorbereitete Gläser füllen. Gläser mit den Schraubdeckeln verschließen, umdrehen und etwa 5 Minuten auf den Deckeln stehen lassen.

MARINADE „ASIA-ART"

VEGAN

ZUBEREITUNGSZEIT:
10 Minuten

**ZUTATEN FÜR
800 G GRILLGUT**

FÜR DIE MARINADE:
etwa 150 ml helle Sojasauce
etwa 200 ml Sojaöl
etwa 100 ml Zitronensaft
¼ TL Cayennepfeffer
6–8 gestr. TL 5-Gewürze-Pulver
4 gestr. TL. gem. Ingwer
4 gestr. TL Currypulver

INSGESAMT:
E: 16 g, F: 205 g, Kh: 39 g,
kcal: 2053

1. Für die Marinade Sojasauce mit Sojaöl und Zitronensaft verschlagen. Cayennepfeffer, 5-Gewürze-Pulver, Ingwer und Curry unterrühren.

TIPPS:
Die Marinade ist ideal zum Einlegen von etwa 800 g Tofu (4 je 200 g Stücke, 6–8 Portionen). Dazu die Tofustücke nebeneinander in eine flache Schale legen und mit der Marinade übergießen. Die Tofustücke mindestens 30 Minuten zugedeckt im Kühlschrank durchziehen lassen, dabei einmal wenden. Da der Tofu aber wenig Eigengeschmack hat, kann er auch etwa 2 Stunden oder gar über Nacht im Kühlschrank durchziehen. Dann den Tofu ab und zu wenden. Zum Grillen den Tofu gut abtropfen lassen und auf dem Grillrost (gefettet) des heißen Grills 5–10 Minuten grillen, dabei einmal wenden. Nach Belieben den Tofu beim Grillen mit der Marinade bestreichen, dann die Tofustücke jedoch in einer Edelstahl-Grillschale (ohne Löcher) grillen. Zum Servieren den Tofu in Scheiben schneiden.
Den gegrillten Tofu z. B. zu Grillgemüse reichen.

MARINADE AUS 1001 NACHT

VEGAN

ZUBEREITUNGSZEIT:
5 Minuten

ZUTATEN FÜR 1 KG FLEISCH ODER FISCH
2 Knoblauchzehen
2 Stängel Koriander
1 TL Chilipulver
1 TL gem. Cumin (Kreuzkümmel)
1 TL gem. Koriander
1 Msp. Safranpulver oder Kurkuma (Gelbwurz)
abger. Schale und Saft von
    1 Bio-Limette (unbehandelt, ungewachst)
100 ml Olivenöl
Salz
gem. Pfeffer
1 Prise Zucker

INSGESAMT:
E: 1 g, F: 100 g, Kh: 2 g, kcal: 912

1. Knoblauch abziehen und durch eine Knoblauchpresse drücken. Koriander abspülen, trocken tupfen und die Blättchen von den Stängeln zupfen, Blättchen klein schneiden.

2. Knoblauch und klein geschnittenen Koriander in einer Schüssel mit den restlichen Zutaten gut vermischen, mit Salz, Pfeffer und Zucker abschmecken. Kräftig durchmischen, damit sich die gelbe Farbe vom Safran oder Kurkuma entfalten kann.

3. Fleisch (Lamm, Rind, Schwein, Geflügel) oder Fisch in eine flache Auflaufform legen, die Marinade darübergießen und zugedeckt marinieren. Fleisch etwa 60 Minuten, Fisch etwa 30 Minuten marinieren und evtl. je nach der Hälfte der Marinierzeit einmal wenden.

MARINADE NACH POLNISCHER ART

VEGAN

ZUBEREITUNGSZEIT:
5–10 Minuten

ZUTATEN FÜR 1 KG FLEISCH ODER FISCH
1 Knoblauchzehe
1 kleine Zwiebel
2 Stängel glatte Petersilie
2 Stängel Dill
4 EL veagner Weißweinessig
abger. Schale und Saft von
   1 Bio-Zitrone (unbehandelt,
   ungewachst)
1 Msp. gem. Piment
100 ml Olivenöl
Salz
gem. Pfeffer
1 Prise Zucker

INSGESAMT:
E: 2 g, F: 100 g, Kh: 5 g, kcal: 932

1. Knoblauch und Zwiebel abziehen. Knoblauch durch eine Knoblauchpresse drücken. Zwiebel in sehr kleine Würfel schneiden. Petersilie und Dill abspülen, trocken tupfen und die Blättchen bzw. Spitzen von den Stängeln zupfen, Blättchen und Spitzen klein schneiden.

2. Knoblauch, Zwiebelwürfel und klein geschnittene Kräuter in einer Schüssel mit Essig, Zitronenschale, -saft, Piment und Olivenöl vermischen, mit Salz, Pfeffer und Zucker abschmecken.

3. Fleisch (Rind, Schwein, Geflügel) oder Fisch in eine flache Auflaufform legen, die Marinade darübergießen und zugedeckt marinieren. Fleisch etwa 60 Minuten, Fisch etwa 30 Minuten marinieren und evtl. je nach der Hälfte der Marinierzeit einmal wenden.

NUSS- & ZWIEBEL-MARINADE

VEGAN

ZUBEREITUNGSZEIT:
je 15–20 Minuten

**ZUTATEN FÜR JE
1 KG GRILLGUT**

SCHARFE NUSS-MARINADE
1 Gemüsezwiebel (etwa 275 g)
250 ml Erdnuss- oder Sesamöl
300 g gemischte, fein gehackte
    Nusskerne, z. B. gehackte Man-
    deln, Walnuss- und Haselnuss-
    kerne
60 g Sambal Oelek
100 ml Sojasauce
200 ml Thai-Chili-Sauce

INSGESAMT:
E: 13 g, F: 10 g, Kh: 67 g, kcal: 419

ZWIEBEL-BALSAMICO-MARINADE
3 rote Zwiebeln (etwa 300 g)
6 Knoblauchzehen
5 EL veganer Crema di Balsamico
200 ml veganer dunkler
    Balsamico-Essig
100 ml Wasser
100 g brauner Zucker
gem. Pfeffer
100 ml Olivenöl

INSGESAMT:
E: 6 g, F: 101 g, Kh: 200 g,
kcal: 1736

SCHARFE NUSS-MARINADE (IM FOTO UNTEN)

1. Die Gemüsezwiebel abziehen, halbieren und in kleine Würfel schneiden. Erdnuss- oder Sesamöl in einem Topf erhitzen. Die Zwiebelwürfel kurz darin andünsten. Die gehackten Nusskerne vorsichtig hinzugeben, unterrühren und unter Rühren leicht bräunen lassen.

2. Sambal Oelek, Sojasauce und Thai-Chili-Sauce hinzugießen und unterrühren. Die Marinade unter gelegentlichem Rühren etwa 5 Minuten kochen lassen.

3. Den Topf von der Kochstelle nehmen und die Nuss-Marinade erkalten lassen.

ZWIEBEL-BALSAMICO-MARINADE (IM FOTO OBEN)

1. Zwiebeln und Knoblauch abziehen und fein würfeln.

2. Crema di Balsamico mit Balsamico-Essig und Wasser verrühren, Zucker und Pfeffer unterrühren. Das Olivenöl unterschlagen und so lange weiterrühren, bis der Zucker sich aufgelöst hat. Dann die Zwiebel- und Knoblauchwürfel unterrühren.

RUB-VARIATIONEN
(TROCKENMARINADEN)

VEGAN

ZUBEREITUNGSZEIT:
jeweils 1–2 Minuten

**ALL-DAY-RUB
(IM FOTO LINKS OBEN)**

ZUTATEN
4 EL Meersalz
2 EL Szechuanpfeffer
1 EL Instant-Kaffeepulver
1 EL Zucker

INSGESAMT:
E: 3 g, F: 2 g, Kh: 28 g, kcal: 141

**PROVENCE-RUB
(IM FOTO RECHTS OBEN)**

ZUTATEN
4 EL Meersalz
1 EL Rosmarin
    (frisch oder gerebelt)
1 TL Thymian
    (frisch oder gerebelt)
1 TL Fenchelsamen
1 TL abger. Schale von 1 Bio-Zitro-
    ne (unbehandelt, ungewachst)

INSGESAMT:
E: 1 g, F: 0 g, Kh: 4 g, kcal: 23

**CURRY-RUB
(IM FOTO RECHTS UNTEN)**

ZUTATEN
4 EL Meersalz
1 EL Currypulver
1 EL Koriandersamen
1 EL gem. Ingwer
1 TL gem. Kurkuma (Gelbwurz)
½ TL gem. Zimt
1 TL gem. Piment (Nelkenpfeffer)
1 TL brauner Zucker

INSGESAMT:
E: 2 g, F: 2 g, Kh: 17 g, kcal: 85

**CHILI-RUB
(IM FOTO MITTE)**

ZUTATEN
4 EL Meersalz
1 TL Knoblauchpulver
2 EL kleine getrocknete
    Chiliflocken
1 EL Paprikapulver edelsüß
1 TL schwarzer Pfeffer
1 TL Cumin (Kreuzkümmel)
1 TL fein geschnittene Petersilie
1 TL brauner Zucker

INSGESAMT:
E: 4 g, F: 1 g, Kh: 28 g, kcal: 117

Die Zutaten jeweils in einen Mörser geben und mit dem Stößel zerstoßen.

TIPPS:
Man rechnet etwa 200 g Rub (Trockenmarinade) für etwa 5 kg Grillgut, sprich etwa 40 g Würze pro 1 kg Grillgut.
Salz entzieht Flüssigkeit. Aber nur wer zu früh salzt, den bestraft das Leben. Eine halbe Stunde vor dem Grillen ist es optimal. Salz trocknet dann das Fleisch nicht aus, sondern sorgt für eine schöne knusprige Kruste.

RUCOLA-MAYONNAISE
(IM FOTO OBEN)

VEGETARISCH

ZUBEREITUNGSZEIT:
10 Minuten

ZUTATEN FÜR 350–400 ML
60 g Rucola (Rauke)
150 ml Olivenöl
1 Ei (Größe M)
1 TL mittelscharfer Senf
Saft von ½ Zitrone
30 g frisch ger. Parmesan
Salz
gem. Pfeffer
1 Prise Zucker

INSGESAMT:
E: 18 g, F: 166 g, Kh: 4 g, kcal: 1582

1. Rucola verlesen und die dicken Stängel abschneiden. Rucola abspülen, gut abtropfen lassen oder trocken schleudern und etwas kleiner zupfen.

2. Rucola mit Olivenöl mit einem Pürierstab in einem hohen Rührbecher fein pürieren. Ei, Senf und Zitronensaft hinzugeben.

3. Den Pürierstab auf den Rührbecherboden setzen und während des Pürierens langsam vom Boden hochziehen, sodass eine homogene Masse entsteht.

4. Parmesan kurz unterziehen. Rucola-Mayonnaise mit Salz, Pfeffer und Zucker würzen.

HINWEIS:
Nur ganz frisches Ei verwenden (Legedatum beachten, mind. 23 Tage Resthaltbarkeit!).

TIPPS:
Sehr gut schmeckt die Mayonnaise auch, wenn Sie den Rucola durch frische Basilikumblättchen oder getrocknete Tomaten ersetzen.
Die fertige Mayonnaise im Kühlschrank aufbewahren und innerhalb von 24 Stunden verzehren.

REZEPTVARIANTEN:
Für **Blauschimmel-Mayonnaise** (im Foto unten) 500 g Salatmayonnaise mit 1 Teelöffel scharfem Senf und 1 Esslöffel Weißweinessig in einer Schüssel verrühren. 1 kleines Bund Schnittlauch abspülen, trocken tupfen und in feine Röllchen schneiden. 100 g cremigen Blauschimmelkäse ohne Rinde, z. B. Gorgonzola, zerbröseln. Die Käsebrösel unter die Mayonnaise rühren. Die Blauschimmelkäse-Mayonnaise mit Salz, gemahlenem Pfeffer und 1 Prise Zucker würzen und mit Schnittlauchröllchen und 1 Teelöffel Pfefferbeeren garnieren.
Für eine **Jalapeño-Mayonnaise** 500 g Salatmayonnaise, abgeriebene Schale und Saft von 1 Bio-Limette (unbehandelt, ungewachst), 1 kleine Schalotte oder Zwiebel (klein gewürfelt), 1 kleine rote Paprikaschote (geputzt, halbiert, entkernt und klein gewürfelt), 1 Jalapeño (entkernt und fein gewürfelt), 1 Frühlingszwiebel (geputzt, in ganz feine Scheiben geschnitten) und 1 Stängel Koriander (Blättchen fein gehackt) miteinander verrühren, mit Salz und Pfeffer abschmecken.

SESAM-HONIG-DRESSING
(IM FOTO MITTIG)

VEGETARISCH

ZUBEREITUNGSZEIT:
15 Minuten

ZUTATEN FÜR 8 PORTIONEN
2 EL Sesamsamen
1 TL flüssiger Honig
½ TL milder Senf
2 EL Weißweinessig
4 EL Orangensaft
Salz
gem. Pfeffer
einige Stängel Thymian
4 EL Rapsöl

PRO PORTION:
E: 1 g, F: 7 g, Kh: 2 g, kcal: 69

1. Sesam in einer Pfanne ohne Fett unter Wenden bei mittlerer Hitze rösten, bis die Samen leicht bräunen. Sesam herausnehmen und erkalten lassen.

2. Honig mit Senf, Essig und Orangensaft verrühren. Mit Salz und Pfeffer würzen.

3. Thymian abspülen, trocken tupfen und die Blättchen von den Stängeln zupfen, Blättchen klein schneiden und unter das Dressing rühren.

4. Das Rapsöl mit einem Schneebesen unterschlagen, sodass ein sämiges Dressing entsteht. Zuletzt den gerösteten Sesam unterrühren.

REZEPTVARIANTE 1:
Für ein **Himbeerdressing** (im Foto oben) 300 g frische Himbeeren verlesen, evtl. kurz abspülen, gut trocken tupfen und pürieren. Himbeerpüree durch ein Sieb streichen. 2 Esslöffel Himbeergelee mit 4 Esslöffeln Balsamico-Essig verrühren. 2 Teelöffel milden Senf und 1 Päckchen Orangenschalen-Aroma unterrühren. Mit Salz und Pfeffer abschmecken. 6 Esslöffel Olivenöl unterschlagen.

REZEPTVARIANTE 2:
Für ein **Zitronen-Buttermilch-Dressing** (im Foto unten) 125 g Buttermilch mit 150 g Crème fraîche und 1 Päckchen geriebene Zitronenschale verrühren. Mit Salz und Pfeffer würzen. 2 Esslöffel Schnittlauchröllchen unterrühren.

VINAIGRETTE
(IM FOTO LINKS)

VEGAN

ZUBEREITUNGSZEIT:
5 Minuten

ZUTATEN FÜR 4 PORTIONEN
2–3 EL veganer Weiß-
    oder Rotweinessig
Salz
gem. Pfeffer
etwas Zucker oder flüssiger Honig
5–6 EL Rapsöl

PRO PORTION:
E: 0 g, F: 13 g, Kh: 1 g, kcal: 118

1. Essig mit Salz, Pfeffer und Zucker oder Honig mit einem Schneebesen gründlich verrühren. Speiseöl unterschlagen, sodass ein sämiges Dressing entsteht.

TIPPS:
Die Vinaigrette passt zusammen mit abgespülter trocken getupfter, klein geschnittener Petersilie gut zu Tomatensalat, zusammen mit klein geschnittenem Dill gut zu Gurkensalat und zusammen mit hart gekochten Eiern und Tomatenwürfel gut zu Spargelsalat.
Anstelle von Zucker oder Honig im Sommer ½ reifen Pfirsich pürieren und unter die Vinaigrette rühren. 2–3 Esslöffel Orangensaft zum Süßen mit zur Vinaigrette geben.

REZEPTVARIANTE 1:
Für eine **Balsamico-Vinaigrette** (im Foto mittig) ½ Esslöffel Senf (mittelscharf, scharf, fein oder grob, je nach Geschmack) und 1 kleine, fein gewürfelte Zwiebel mit unter die Vinaigrette rühren. Anstelle von Weiß- oder Rotweinessig Balsamico-Essig verwenden. 3–4 Esslöffel Speiseöl und 2 Esslöffel Walnussöl in der Vinaigrette verarbeiten. Die Zutaten können auch mit einem Pürierstab püriert werden.

REZEPTVARIANTE 2:
Für eine **Kräuter-Vinaigrette** (im Foto rechts) zusätzlich klein geschnittene Kräuter unter die Vinaigrette rühren.

REZEPTVARIANTE 3:
Für eine **Tomaten-Vinaigrette** zusätzlich noch 1 vorbereitete Tomate (abgespült, geviertelt, Stängelansatz und Kerngehäuse entfernt) in feine Würfelchen schneiden und unter die Vinaigrette rühren.

ZAZIKI

VEGETARISCH

ZUBEREITUNGSZEIT:
25 Minuten

ABTROPFZEIT:
mind. 4 Stunden oder über Nacht

ZUTATEN FÜR
4–6 PORTIONEN
500 g griechischer Joghurt
      (10 % Fett)
etwa 200 g Salatgurke
Salz
2–3 Knoblauchzehen
1 EL Olivenöl
evtl. gem. weißer Pfeffer

PRO PORTION:
E: 3 g, F: 12 g, Kh: 5 g, kcal: 143

1. Den Joghurt in einem Sieb (mit Küchenpapier ausgelegt) mindestens 4 Stunden (am besten über Nacht) gut abtropfen lassen. Den abgetropften Joghurt in eine Schüssel geben und glatt rühren.

2. Von der Gurke die Enden abschneiden. Gurke abspülen, trocken tupfen, nach Belieben schälen, evtl. längs halbieren und die Kerne mit einem Löffel herausschaben. Die Gurke auf einer Haushaltsreibe raspeln. Gurkenraspel mit ½ Teelöffel Salz vermengen, etwa 20 Minuten stehen lassen. Dann die Gurkenraspel etwas ausdrücken.

3. Knoblauch abziehen und fein würfeln. Gurkenraspel, Olivenöl und Knoblauchwürfel unter den Joghurt rühren. Zaziki mit Salz und evtl. Pfeffer abschmecken. Zaziki bis zum Servieren zugedeckt in den Kühlschrank stellen.

TIPP:
Zaziki am besten am Vortag zubereiten.
Zaziki schmeckt gut zu Gyros, gegrilltem Fleisch oder Fisch, passt aber ebenso zu knusprigem Fladenbrot und Gemüse wie Oliven, Peperoni oder eingelegtem Gemüse.

REZEPTVARIANTE:
Für ein **veganes Zaziki** (4–6 Portionen – im Foto oben): 500 g Soja-„Joghurt" in einem Sieb (mit Geschirrtuch ausgelegt) in eine Schüssel hängen und über Nacht im Kühlschrank zugedeckt abtropfen lassen. Den abgetropften „Joghurt" in eine Schüssel geben und glatt rühren. ½ Bio-Salatgurke (etwa 175 g) abspülen, trocken tupfen. Gurke längs halbieren und die Kerne mit einem Teelöffel herausschaben. Die Gurkenhälften bis knapp zum Gurkenende auf der Haushaltsreibe grob raspeln. Gurkenraspel mit ½ Teelöffel Salz vermengen, etwa 20 Minuten stehen lassen. ½ Bund Dill abspülen, trocken tupfen, die Spitzen von den Stängeln zupfen, Spitzen fein schneiden. 2–3 Knoblauchzehen abziehen und fein würfeln oder durch eine Knoblauchpresse drücken. Gurkenraspel in ein Sieb geben und mit einem Esslöffelrücken oder mit den Händen die entstandene Gurkenflüssigkeit gründlich ausdrücken. Ausgedrückte Gurkenraspel unter den abgetropften „Joghurt" rühren. Dill, Knoblauch und 1 ½ Teelöffel Schwarzkümmelsamen unterrühren. „Zaziki" mit etwas Salz und gemahlenem weißem Pfeffer würzen, zugedeckt etwa 30 Minuten bei Zimmertemperatur durchziehen lassen. „Zaziki" zum Servieren nochmals abschmecken und mit knapp ½ Teelöffel Schwarzkümmelsamen bestreut servieren. Oder „Zaziki" in ein verschließbares Gefäß füllen und in den Kühlschrank stellen. Haltbarkeit: im Kühlschrank 3–4 Tage.

BEILAGEN & SALATE

AUBERGINEN MIT EINGELEGTEN LIMETTEN

VEGAN

ZUBEREITUNGSZEIT:
50 Minuten, ohne Kühlzeit

DURCHZIEHZEIT:
mind. 24 Stunden

GRILLZEIT:
etwa 4 Minuten

**ZUTATEN FÜR
8−10 PORTIONEN**

**FÜR DIE EINGELEGTEN
LIMETTEN:**
5 Bio-Limetten
   (unbehandelt, ungewachst)
1 EL Meersalz
150 ml Olivenöl

5 Knoblauchzehen
150 ml Olivenöl
10 mittelgroße Auberginen
   (je etwa 300 g)
Salz
grob gem. bunter Pfeffer
2 Bund Schnittlauch

PRO PORTION:
E: 9 g, F: 59 g, Kh: 18 g, kcal: 643

1. Für die eingelegten Limetten die Limetten heiß abwaschen, abtrocknen und in dünne Scheiben schneiden. Limettenscheiben mit Meersalz bestreuen, in ein Glas schichten und mit Olivenöl übergießen, sodass die Limettenscheiben bedeckt sind. Limettenscheiben mit Frischhaltefolie zugedeckt mindestens 24 Stunden in den Kühlschrank stellen.

2. Knoblauch abziehen, durch eine Knoblauchpresse drücken und mit Olivenöl verrühren.

3. Auberginen abspülen, abtrocknen und die Stängelansätze abschneiden. Auberginen in Scheiben schneiden, mit Salz und Pfeffer bestreuen. Auberginenscheiben in eine flache Schale legen und mit dem Knoblauchöl übergießen. Auberginenscheiben mit Frischhaltefolie zugedeckt in den Kühlschrank stellen.

4. Schnittlauch abspülen, trocken tupfen und in Röllchen schneiden.

5. Die Auberginenscheiben abtropfen lassen und auf dem Grillrost des heißen Grills von jeder Seite etwa 2 Minuten grillen. Auberginenscheiben mit den eingelegten Limettenscheiben und Schnittlauchröllchen garnieren.

TIPPS:
Servieren Sie dazu eingelegten Fetakäse oder Mozzarellascheiben und frisches Weißbrot.
Die Auberginen schmecken auch sehr gut zu gegrilltem Lammfleisch oder Fisch.
Limettenscheiben schon einige Tage vor dem Verzehr in Olivenöl einlegen.

BLATTSALAT MIT PAPRIKA-LINSEN UND PARMESAN

VEGETARISCH

ZUBEREITUNGSZEIT:
25 Minuten

GARZEIT:
etwa 30 Minuten

ZUTATEN FÜR 4 PORTIONEN
3 Knoblauchzehen
1 Bund glatte Petersilie
1 mittelgroße Süßkartoffel
   (etwa 330 g)
6 EL Olivenöl
600 ml Gemüsebrühe
Salz
1 rote Paprikaschote (etwa 200 g)
200 g kleine schwarze Linsen
   (Beluga-Linsen; Kochzeit etwa
   30 Minuten)
150 ml frisch gepresster
   Orangensaft
2 EL milder Apfelessig
gem. Pfeffer
evtl. mildes Currypulver
300 g Blattsalatmix,
   z. B. Endivie, Rauke, Frisée,
   Feldsalat, Radicchio
2 kleine rote Zwiebeln
75 g gehobelter Parmesan (Stück
   oder bereits fertig gehobelt/ in
   Spänen)

PRO PORTION:
E: 24 g, F: 26 g, Kh: 46 g, kcal: 528

1. Knoblauch abziehen. Petersilie abspülen, trocken tupfen und die Blättchen von den Stängeln zupfen. Blättchen zugedeckt in den Kühlschrank legen. Petersilienstängel klein würfeln.

2. Süßkartoffel schälen, abspülen, abtropfen lassen und in etwa 2 cm große Würfel schneiden. 2 Knoblauchzehen fein würfeln. 2 Esslöffel Olivenöl in einem Topf erhitzen. Knoblauch-, Süßkartoffelwürfel und Petersilienstängel darin andünsten. Mit 200 ml Brühe ablöschen, mit Salz würzen und zugedeckt zum Kochen bringen. Süßkartoffelwürfel sehr weich garen.

3. In der Zwischenzeit Paprikaschote halbieren, entstielen, entkernen und die weißen Scheidewände entfernen. Schote abspülen, trocken tupfen und in etwa 1 cm große Würfel schneiden. Restlichen Knoblauch würfeln. 1 Esslöffel Olivenöl in einem Topf erhitzen. Paprika- und Knoblauchwürfel darin andünsten. Mit restlicher Brühe ablöschen und zum Kochen bringen. Linsen unterrühren. Die Zutaten bei schwacher Hitze etwa 30 Minuten garen.

4. Süßkartoffelmix in einen hohen Rührbecher geben, Orangensaft und restliches Olivenöl hinzugießen und mit einem Pürierstab sämig pürieren. Mit Essig, Salz, Pfeffer und nach Belieben etwas Curry abschmecken.

5. Salate putzen, abspülen, trocken tupfen und in mundgerechte Stücke zupfen. Zwiebeln abziehen, zuerst in dünne Scheiben schneiden, dann in Ringe teilen. Kalt gestellte Petersilienblättchen klein schneiden.

6. Salate mit der Petersilie und Linsen auf einer Platte anrichten. Zwiebelringe darauf verteilen, mit dem Dressing beträufeln. Mit Parmesan bestreut servieren.

TIPP:
Die restliche Parmesanrinde, die zu hart zum Reiben ist, nicht einfach entsorgen. In einem würzigen Eintopf mitgekocht, gibt sie dem Gericht zusätzliche Würze.

BROTSALAT

VEGAN

ZUBEREITUNGSZEIT:
30 Minuten

GARZEIT:
Bohnen: etwa 8 Minuten

ZUTATEN FÜR 4 PORTIONEN
1 Ciabatta-Brot (vom Vortag)
120 ml weißer Balsamico-Essig
200 g Buschbohnen
Salz
250 g abgetropfte weiße Bohnen
    (aus der Dose)
4 große Tomaten
2 kleine rote Zwiebeln
20 abgetropfte Kalamata-Oliven
2 EL abgetropfte feine Kapern
    (aus dem Glas)
8 EL Olivenöl
gem. Pfeffer
etwas Zucker
8 Stängel Basilikum

PRO PORTION:
E: 13 g, F: 5 g, Kh: 50 g, kcal: 311

1. Ciabatta-Brot in Scheiben schneiden und auf einem Backblech verteilen. Den Essig erhitzen und die Brotscheiben damit tränken.

2. Von den Buschbohnen die Enden abschneiden. Die Bohnen evtl. abfädeln, abspülen und abtropfen lassen. Buschbohnen in kochendem Salzwasser etwa 8 Minuten bissfest garen. Anschließend in ein Sieb geben, mit kaltem Wasser abschrecken und abtropfen lassen. Die weißen Bohnen in einem Sieb abspülen und abtropfen lassen.

3. Die Tomaten abspülen, trocken tupfen, halbieren und die Stängelansätze herausschneiden. Tomaten grob würfeln. Die Zwiebeln abziehen und in feine Würfel schneiden.

4. Die Buschbohnen mit den weißen Bohnen, Tomaten-, Zwiebelwürfeln, Oliven und den Kapern in einer Schüssel mischen. Mit Olivenöl, Salz, Pfeffer und etwas Zucker würzen.

5. Die getränkten Brotscheiben in grobe Stücke reißen und unter den Salat heben.

6. Basilikum abspülen, trocken tupfen und die Blättchen von den Stängeln zupfen. Den Salat mit den Basilikumblättchen bestreut servieren.

REZEPTVARIANTE:
Für einen **italienischen Brotsalat** 1 Bund vorbereitete Frühlingszwiebeln in Scheiben schneiden. 1 vorbereitete grüne Paprikaschote in kleine Würfel schneiden. 1 Ciabatta-Brot (vom Vortag) würfeln. Die Brotwürfel in einer Schüssel mit 1 ½ Esslöffeln Rotweinessig und 1 ½ Esslöffeln Balsamico-Essig beträufeln und durchziehen lassen. 500 g vorbereitete Fleischtomaten vierteln, entkernen und in Stücke schneiden. 1 Knoblauchzehe durch eine Knoblauchpresse drücken. Frühlingszwiebelscheiben, Paprikawürfel, Knoblauch, 10 g abgetropfte Kapern und 30 ml Olivenöl zu den Brotwürfeln geben. Die Zutaten vermischen, mit Salz und gemahlenem Pfeffer würzen. Die Tomatenstücke unter den Salat mischen.

BULGUR-LIMETTEN-SALAT
(IM FOTO VORNE)

VEGAN

ZUBEREITUNGSZEIT:
25 Minuten, ohne Abkühlzeit

DURCHZIEHZEIT:
etwa 60 Minuten

ZUTATEN FÜR 4 PORTIONEN
200 g Bulgur
vegane Gemüsebrühe
  (nach Packungsanleitung)
1 Staudensellerie
250 g Cocktailtomaten
400 g mittelgroße Möhren
  (etwa 4 Stück)
1 rote Zwiebel
1 Knoblauchzehe
2 Bio-Limetten
  (unbehandelt, ungewachst)
Salz
gem. Pfeffer
1 Msp. Cayennepfeffer
3 EL Olivenöl
1 Bund Schnittlauch

PRO PORTION:
E: 8 g, F: 11 g, Kh: 45 g, kcal: 333

1. Bulgur nach Packungsanleitung mit der Gemüsebrühe (die auf der Packung angegebene Flüssigkeitsmenge verwenden) in einem Topf zubereiten. Bulgur zum Abkühlen beiseitestellen.

2. Den Staudensellerie putzen, abspülen, abtropfen lassen und in dünne Scheiben schneiden. Selleriescheiben in eine große Salatschüssel geben.

3. Die Cocktailtomaten abspülen, abtrocknen und die Stängelansätze herausschneiden. Tomaten nach Belieben halbieren oder vierteln. Die Möhren putzen, schälen, abspülen und abtropfen lassen. Die Möhren auf der Haushaltsreibe grob raspeln. Zwiebel und Knoblauch abziehen, beides in kleine Würfel schneiden. Tomatenstücke, Möhrenraspel, Zwiebel- und Knoblauchwürfel zu den Selleriescheiben in die Schüssel geben.

4. Den gequollenen Bulgur mit 2 Gabeln auflockern und zum vorbereiteten Gemüse in die Salatschüssel geben. 1 Limette heiß abwaschen, abtrocknen und etwa 1 gehäuften Teelöffel Limettenschale fein abreiben. Beide Limetten halbieren und den Saft auspressen. Abgeriebene Limettenschale zum Bulgur geben.

5. Fünf Esslöffel Limettensaft mit Salz, Pfeffer und Cayennepfeffer würzen, Olivenöl unterschlagen. Die Sauce mit den Salatzutaten gut vermischen. Den Salat zugedeckt etwa 60 Minuten in den Kühlschrank stellen und durchziehen lassen.

6. Schnittlauch abspülen, trocken tupfen, in feine Röllchen schneiden und unter den Bulgursalat heben. Den Salat mit Limettensaft und Gewürzen abschmecken.

TIPP:
Den Salat mit etwas Selleriegrün (abgespült und trocken getupft) und heiß abgespülten, trocken getupften Bio-Limettenscheiben anrichten.

REZEPTVARIANTE:
Für einen **Bulgur-Limetten-Salat mit Granatapfel** (im Foto hinten) statt der 250 g Cocktailtomaten 1 Granatapfel verwenden. Granatapfel mit der Hand mehrmals auf der Arbeitsfläche mit leichtem Druck hin und her rollen (so lösen sich die Kerne besser). Granatapfel halbieren, die Kerne mit einem Teelöffel herauslösen, Schale und Fruchtfleisch entfernen. Granatapfelkerne (wie im Rezept unter Punkt 3 beschrieben) mit den Möhrenraspeln, Zwiebel und Knoblauchwürfeln zum Sellerie in die Schüssel geben.

CAPRESE

VEGETARISCH

ZUBEREITUNGSZEIT:
15 Minuten

ZUTATEN FÜR 4 PORTIONEN
7 Tomaten
250 g abgetropfter Mozzarella

FÜR DAS DRESSING:
etwa 2 EL dunkler Balsamico-
    Essig
Salz
gem. Pfeffer
1 Prise Zucker
4 EL Olivenöl

ZUM GARNIEREN:
einige Basilikumblättchen

PRO PORTION:
E: 13 g, F: 23 g, Kh: 4 g, kcal: 275

1. Tomaten abspülen, abtrocknen, in Scheiben schneiden und dabei die Stängelansätze entfernen. Mozzarella ebenfalls in Scheiben schneiden. Einen großen Teller mit den Tomatenscheiben auslegen. Darauf die Mozzarellascheiben verteilen.

2. Für das Dressing Essig mit Salz, Pfeffer und Zucker verrühren. Das Olivenöl unterschlagen. Die Tomaten- und Mozzarellascheiben mit dem Dressing beträufeln.

3. Zum Garnieren die Basilikumblättchen abspülen und trocken tupfen. Tomaten- und Mozzarellascheiben mit den Basilikumblättchen garniert servieren.

TIPPS:
Dazu schmecken geröstete oder gegrillte Baguette- oder Ciabattascheiben. Reichen Sie ein selbst gemachtes Basilikumpesto dazu.
Das Pesto schmeckt auch gut zu Pasta-Gerichten. Für ein Rucolapesto statt Basilikum Rucola (Rauke; ohne Stiele) verwenden.

REZEPTVARIANTE:
Für **Pasta caprese** 175 g Spiralnudeln (z. B. Spirelli) in kochendem Salzwasser nach Packungsanleitung bissfest kochen. Anschließend die gekochten Nudeln in ein Sieb geben, mit heißem Wasser abspülen, abtropfen und erkalten lassen. 400 g Tomaten abspülen, trocken tupfen, halbieren und die Stängelansätze entfernen. Tomatenhälften in kleine Würfel schneiden. 200 g abgetropften Mozzarella ebenfalls in kleine Würfel schneiden. 50 g abgetropfte schwarze Oliven (ohne Stein) halbieren. 1 Knoblauchzehe durch eine Knoblauchpresse drücken. Die vorbereiteten Salatzutaten in einer Schüssel vermengen. 2 Esslöffel klein geschnittene Basilikumblättchen unterrühren. Den Salat mit 3 Esslöffeln Olivenöl beträufeln. Mit Salz und Pfeffer würzen. Salat etwas durchziehen lassen. Pasta caprese mit einigen vorbereiteten Basilikumblättchen bestreut servieren.

CHAMPIGNONS À LA PROVENCE

VEGAN

ZUBEREITUNGSZEIT:
25 Minuten

GRILLZEIT:
4–6 Minuten

ZUTATEN FÜR 4 PORTIONEN
16 mittelgroße Champignons
2 Knoblauchzehen
6 EL Sonnenblumenöl
einige grob gehackte
    Rosmarinnadeln
1 TL klein geschnittene
    Thymianblättchen
5 klein geschnittene
    Salbeiblättchen

PRO PORTION:
E: 1 g, F: 18 g, Kh: 1 g, kcal: 179

1. Champignons putzen, evtl. kurz abspülen und trocken tupfen. Stiele herausdrehen.

2. Den Knoblauch abziehen, fein würfeln oder durch eine Knoblauchpresse drücken und in einer Schüssel mit Sonnenblumenöl, Rosmarinnadeln, Thymianblättchen und Salbeiblättchen verrühren.

3. Die Champignonhüte in die Schüssel geben und gut mit der Marinade vermischen. Mit der Unterseite nach oben auf den Grillrost des heißen Grills legen, 2–3 Minuten grillen, wenden, nochmals mit der Marinade bestreichen und weitere 2–3 Minuten grillen.

TIPP:
Mit der gleichen Marinade können Sie auch Zucchini und Auberginen marinieren. Dazu jeweils 1 Zucchini oder Aubergine abspülen, abtrocknen und die Enden, bzw. den Stängelansatz abschneiden. Zucchini oder Aubergine längs in Scheiben schneiden (evtl. mit der Aufschnittmaschine), mit der Marinade vermischen und 2–3 Stunden marinieren.

REZEPTVARIANTE:
Für **gefüllte Champignons** 12 Riesenchampignons putzen, evtl. kurz abspülen und trocken tupfen. Stiele herausdrehen. Mit einem Teelöffel etwas von dem Inneren der Pilze herauskratzen und mit den Stielen klein schneiden. 2 Schalotten und 2 Knoblauchzehen abziehen und würfeln. 100 g jungen Blattspinat putzen, abspülen und trocken tupfen. 4 Esslöffel Olivenöl in einer Pfanne erhitzen und die gehackten Pilzstiele darin 3–4 Minuten anbraten. Schalotten, Knoblauch und 1 Esslöffel klein geschnittene Thymianblättchen kurz mitbraten. Den Spinat dazugeben und zusammenfallen lassen. Die Mischung abkühlen lassen. Mit 150 g Doppelrahm-Frischkäse und 100 g geriebenem Cheddar verrühren, mit Salz und gemahlenem Pfeffer würzen und alles gleichmäßig in die Pilze füllen. Die gefüllten Pilze bei direkter Hitze mit geschlossenem Deckel 6–8 Minuten grillen.

COLESLAW
(AMERIKANISCHER KRAUTSALAT)

VEGETARISCH

ZUBEREITUNGSZEIT:
20 Minuten

ZUTATEN FÜR 4 PORTIONEN
1 kleiner Spitzkohl
1 gestr. EL Salz
½ EL brauner Rohrzucker
2–3 Möhren

FÜR DAS DRESSING:
200 g Schmand (Sauerrahm)
1 EL Delikatess-Mayonnaise
½ EL scharfer Senf
2 EL Weißwein- oder Apfelessig
1 Prise brauner Rohrzucker
Salz
Cayennepfeffer

PRO PORTION:
E: 4 g, F: 13 g, Kh: 15 g, kcal: 212

1. Vom Spitzkohl die äußeren welken Blätter entfernen. Kohl halbieren, abspülen, abtropfen lassen und den Strunk herausschneiden. Den Spitzkohl mit einem Küchenhobel oder einem Messer in feine Streifen schneiden und in eine Schüssel geben, mit Salz und Zucker würzen. Die Kohlstreifen mit den Händen gut weich kneten und beiseitestellen.

2. Möhren putzen, schälen, abspülen, abtropfen lassen und auf einer Küchenreibe raspeln.

3. Für das Dressing Schmand, Mayonnaise, Senf und Essig verrühren.

4. Die Spitzkohlstreifen in einem Sieb abtropfen lassen und nochmals gut mit den Händen ausdrücken.

5. Die Spitzkohlstreifen in eine Schüssel geben, mit dem Dressing und den Möhrenraspeln mischen. Coleslaw nochmals mit Zucker, Salz und Cayennepfeffer abschmecken.

TIPPS:
Um eine kräftigere süße Note in den Salat zu bringen, noch 1–2 Esslöffel Rosinen oder Cranberrys oder in Würfel geschnittene Softaprikosen oder -pflaumen mit unter den Salat mischen.
Coleslaw passt gut zu Grillfleisch oder als zusätzliche Beilage im Brötchen mit Pulled Pork (s. S. 46) oder mit Bratwurst.
Anstelle von 1 kleinen Spitzkohl ½ Kopf Weißkohl verwenden.
Vom amerikanischen Krautsalat gibt es viele unterschiedliche Varianten, so kann er beispielsweise mit Ananas, Himbeeressig oder Walnüssen kombiniert werden.

COUSCOUS-SALAT

VEGAN

ZUBEREITUNGSZEIT:
25 Minuten

DURCHZIEHZEIT:
etwa 2 Stunden

ZUTATEN FÜR 2 PORTIONEN
4 geh. EL Couscous (etwa 60 g
Wasser oder vegane Gemüsebrühe
   (nach Packungsanleitung)
2 große Tomaten
½ Salatgurke (etwa 200 g)
2 Schalotten oder 1 Zwiebel
1 Bio-Zitrone
   (unbehandelt, ungewachst)
Salz
gem. Pfeffer
2–3 Stängel glatte Petersilie
1–2 Stängel Minze

ZUSÄTZLICH:
2 große Kopfsalatblätter zum
   Garnieren

PRO PORTION:
E: 5 g, F: 1 g, Kh: 26 g, kcal: 140

1. Couscous in einem Topf mit Wasser oder Brühe nach Packungsanleitung zubereiten.

2. In der Zwischenzeit die Tomaten abspülen, abtrocknen, halbieren und die Stängelansätze entfernen. Die Tomaten fein würfeln. Die Gurke evtl. schälen und das Ende abschneiden. Gurke längs halbieren und in kleine Würfel schneiden. Schalotten oder Zwiebel abziehen und sehr klein würfeln. Tomaten-, Gurken- und Schalotten- oder Zwiebelwürfel in eine Schüssel geben.

3. Den gequollenen Couscous mit 2 Gabeln auflockern und zu dem gewürfelten Gemüse in die Schüssel geben. Zitrone heiß abwaschen, abtrocknen und etwa 1 Teelöffel Zitronenschale fein abreiben. Die Zitrone halbieren und den Saft auspressen. Zitronenschale mit Zitronensaft zum Couscous geben. Die Zutaten mit Salz und Pfeffer würzen und gut vermischen. Den Salat zugedeckt etwa 2 Stunden in den Kühlschrank stellen.

4. Petersilie und Minze abspülen, trocken tupfen und die Blättchen von den Stängeln zupfen. Die Blättchen klein schneiden. Petersilie und Minze unter den Couscous-Salat geben. Den Salat nochmals mit Salz und Pfeffer abschmecken. Den Couscous-Salat auf abgespülten, trocken getupften Kopfsalatblättern anrichten.

TIPPS:
Couscous-Salat passt prima zu kurz gebratenem Fleisch oder Fisch.
Sie können statt Couscous auch Bulgur verwenden.
Couscous kann mit Wasser oder Gemüsebrühe zubereitet werden. Durch Gemüsebrühe schmeckt der Couscous etwas würziger.
Die restliche Gurkenhälfte als Rohkost knabbern.
Wenn Sie keine kleine Reibe zur Hand haben, dann können Sie die Zitronenschale auch mit einer „normalen" Haushaltsreibe abreiben.
Dazu passt pro Portion 1 weich gekochtes Ei.

GEGRILLTE MAISKOLBEN
(IM FOTO UNTEN)

VEGETARISCH

ZUBEREITUNGSZEIT:
5–10 Minuten

WÄSSERZEIT:
45–60 Minuten

GRILLZEIT:
20-25 Minuten

ZUTATEN FÜR 4 PORTIONEN
4 Maiskolben mit Blättern
80 g Butter
1 kleine Handvoll klein
    geschnittene Petersilie
Salz
gem. bunter Pfeffer

ZUSÄTZLICH:
Küchengarn

PRO PORTION:
E: 3 g, F: 18 g, Kh: 17 g, kcal: 244

1. Die Blätter von den Maiskolben zurückziehen (nicht abreißen). Die Haare von den Kolben entfernen. Die Blätter wieder zurückklappen und am oberen Ende mit Küchengarn zusammenbinden. Dann die Kolben 45–60 Minuten wässern.

2. Die Maiskolben auf dem Grillrost (gefettet) des heißen Grills bei mittlerer Hitze und geschlossenem Deckel etwa 20 Minuten grillen. Bei nicht geschlossenem Deckel die Maiskolben von allen Seiten etwa 25 Minuten grillen.

3. Die Butter zusammen mit der klein geschnittenen Petersilie in einem kleinen Topf oder einer kleinen Blechschale am Grillrostrand schmelzen lassen.

4. Dann den Kolbenansatz von den gegrillten Maiskolben abschneiden, die Blätter entfernen und die Maiskolben mit der geschmolzenen Petersilienbutter einstreichen.

5. Mit Salz und buntem Pfeffer würzen.

REZEPTVARIANTE:
Für **gegrillte Artischocken** (im Foto oben) 4 frische Artischocken abspülen, abtropfen lassen, die oberen Viertel abschneiden und jeweils den Stiel abtrennen. Die inneren Blätter herausziehen und die Artischocken mit einem Suppenlöffel sauber aushöhlen. 200 g Fetakäse mit den Händen zerbröseln und mit einigen Rosmarinnadeln und 1 abgezogenen, klein gewürfelten Knoblauchzehe mischen. Jeweils ein Viertel der Mischung in eine Artischocke füllen, mit dem Saft von 1 Zitrone, 4 Esslöffeln Weißwein und 4 Esslöffeln Olivenöl beträufeln und mit gemahlenem Pfeffer würzen. Artischocken gut in Alufolie einpacken, sodass die Flüssigkeit nicht aus den Päckchen auslaufen kann. Die Päckchen etwa 25 Minuten bei mittlerer Hitze auf dem Grillrost (indirekt) des heißen Grills garen. Die Artischocken vor dem Servieren mit 1 Teelöffel Meersalz würzen.

GEGRILLTER VEGGIE-SALAT

VEGAN

ZUBEREITUNGSZEIT:
20 Minuten

GRILLZEIT:
etwa 10 Minuten

ZUTATEN FÜR 4 PORTIONEN
je 1 rote, gelbe und grüne
   Paprikaschote
4 Tomaten
1 Zucchini
1 kleine Aubergine
4 Stängel Basilikum

FÜR DAS DRESSING:
3 EL weißer Balsamico-Essig
Salz
gem. Pfeffer
1 Prise Zucker
5 EL Olivenöl
etwa 3 EL Olivenöl
   zum Bestreichen

ZUSÄTZLICH:
etwas Speiseöl für den Grillrost

PRO PORTION:
E: 4 g, F: 18 g, Kh: 14 g, kcal: 251

1. Die Paprikaschoten halbieren, entstielen, entkernen und die weißen Scheidewände entfernen. Schoten abspülen, abtropfen lassen und vierteln.

2. Tomaten abspülen, abtrocknen, halbieren und dabei die Stängelansätze herausschneiden.

3. Zucchini und Aubergine abspülen, abtrocknen, die Enden bzw. den Stängelansatz abschneiden und jeweils in etwa 1 cm dicke Scheiben schneiden.

4. Basilikum abspülen, trocken tupfen und die Blättchen von den Stängeln zupfen.

5. Für das Dressing Balsamico-Essig mit Salz, Pfeffer und Zucker verrühren. Das Öl unterschlagen. Das Dressing mit den Gewürzen abschmecken.

6. Paprikaschotenviertel, Tomatenhälften, Zucchini- und Auberginenscheiben z. B. auf einer Platte rundherum mit Olivenöl bestreichen.

7. Das vorbereitete Gemüse auf dem Grillrost (gefettet) am Rand des heißen Grills etwa 10 Minuten grillen, dabei ab und zu mit der Grillzange vorsichtig wenden.

8. Sobald die gewünschte Bräunung erreicht ist, das Gemüse vom Grillrost nehmen und auf einer großen Platte oder in einer Auflaufform anrichten. Das Gemüse mit dem Dressing beträufeln und mit den Basilikumblättern bestreuen.

TIPPS:
Der Gemüsesalat passt zu frischem Baguette oder als Auflage für einen vegetarischen Burger.
Den Gemüsesalat vor den Hauptgerichten grillen. Er schmeckt lauwarm und kalt sehr gut.
Auch in Stücke geschnittene, vorgegarte Maiskolben oder abgezogene, halbierte rote Zwiebeln vom Grill schmecken hervorragend in diesem Salat.
Zusätzlich noch fein geschnittene Rosmarinnadeln oder Thymianblättchen unter das Dressing geben.

GRIECHISCHER BAUERNSALAT

VEGETARISCH

ZUBEREITUNGSZEIT:
25 Minuten

ZUTATEN FÜR 4 PORTIONEN

FÜR DEN SALAT:
1 Salatgurke
6 Tomaten
1 rote Paprikaschote
1 kleine Gemüsezwiebel
75 g abgetropfte schwarze Oliven

FÜR DIE SALATSAUCE:
2–3 EL Weißweinessig
Salz
gem. Pfeffer
Zucker
6 EL Olivenöl
200 g abgetropfter Fetakäse
    (griechischer Schafskäse)

evtl. etwa 5 Stängel Petersilie oder
    Basilikum

PRO PORTION:
E: 7 g, F: 19 g, Kh: 4 g, kcal: 220

1. Für den Salat Gurke schälen und die Enden abschneiden. Gurke längs halbieren und mithilfe eines Teelöffels entkernen. Gurkenhälften in Scheiben schneiden.

2. Tomaten abspülen, abtrocknen, vierteln und die Stängelansätze herausschneiden. Tomaten in Stücke schneiden. Paprikaschote halbieren, entstielen, entkernen und die weißen Scheidewände entfernen. Die Schote abspülen, abtropfen lassen und in kleine Stücke schneiden.

3. Gemüsezwiebel abziehen, halbieren und in dünne Scheiben schneiden.

4. Gurkenscheiben, Tomaten- und Paprikastücke, Zwiebelscheiben und Oliven in einer Schüssel vermischen.

5. Für die Sauce Essig mit Salz, Pfeffer und Zucker verrühren. Das Olivenöl mit einem Schneebesen unterschlagen. Die Sauce mit den Salatzutaten vermengen.

6. Den Fetakäse in kleine Stücke schneiden oder zerbröckeln. Evtl. Petersilie oder Basilikum abspülen, trocken tupfen und die Blättchen von den Stängeln zupfen. Blättchen klein schneiden.

7. Den Salat in 4 Portionsschälchen verteilen. Den Käse und die Kräuter daraufgeben.

TIPPS:
Dazu frisch gebackenes Fladenbrot oder gegrillte Fladenbrotscheiben und Zaziki (fertig gekauft oder selbst gemacht, S. 124) servieren.
Das Dressing in einem Shaker extra zu dem Bauernsalat reichen. So kann sich jeder seinen Salat mit dem Dressing selbst beträufeln und die Zutaten bleiben lange frisch und knackig.

KARTOFFELSALAT MIT MAYONNAISE (IM FOTO OBEN)

VEGETARISCH

ZUBEREITUNGSZEIT:
45 Minuten, ohne Abkühlzeit

GARZEIT:
20–25 Minuten

DURCHZIEHZEIT:
mind. 30 Minuten

ZUTATEN FÜR 6 PORTIONEN
800 g festkochende Kartoffeln
2 Zwiebeln
100 g abgetropfte Gewürzgurken
   (aus dem Glas)
3 hart gekochte Eier
6 EL Salatmayonnaise
3 EL Gurkenflüssigkeit
1 EL mittelscharfer Senf
Salz
gem. Pfeffer

PRO PORTION:
E: 10 g, F: 25 g, Kh: 31 g, kcal: 389

1. Kartoffeln gründlich waschen, abtropfen lassen, in einem Topf knapp mit Wasser bedeckt, zugedeckt zum Kochen bringen und bei mittlerer Hitze in 20–25 Minuten gar kochen.

2. Die gegarten Kartoffeln abgießen, abtropfen, kurz abkühlen lassen, pellen, in Scheiben schneiden und in eine große Schüssel geben.

3. Zwiebeln abziehen und klein würfeln. Gurken und die gepellten Eier in Scheiben schneiden.

4. Mayonnaise mit Gurkenflüssigkeit und Senf verrühren. Die Sauce mit den Zwiebelwürfeln, Gurken- und Eierscheiben zu den abgekühlten Kartoffelscheiben in die Schüssel geben und vorsichtig untermischen. Mit Salz und Pfeffer würzen. Kartoffelsalat mindestens 30 Minuten durchziehen lassen.

REZEPTVARIANTE:
Für einen **süddeutschen Kartoffelsalat** (im Foto unten) 1 kg festkochende Kartoffeln gründlich waschen, mit 1 Lorbeerblatt in einem Topf knapp mit Wasser bedeckt, zugedeckt zum Kochen bringen, bei schwacher Hitze in 20–25 Minuten gar, aber nicht zu weich kochen. 2 Zwiebeln abziehen und klein würfeln. 1 Esslöffel Rapsöl in einem Topf erhitzen, Zwiebelwürfel darin anbraten. Mit 4–5 Esslöffeln Kräuteressig und 125 ml heißer Gemüsebrühe ablöschen, etwa 3 Minuten ziehen lassen. Die Sauce mit Salz und gemahlenem Pfeffer würzen. Die gegarten Kartoffeln abgießen, abtropfen lassen, heiß pellen, in Scheiben schneiden und in eine hitzebeständige Schüssel geben. Die Zwiebelsauce vorsichtig unter die warmen Kartoffelscheiben mischen. Nach und nach etwa 100 ml Rapsöl hinzugeben. Den Salat einige Stunden durchziehen lassen. Etwa 30 Minuten vor dem Servieren den Backofen vorheizen: Ober-/Unterhitze: etwa 150 °C, Heißluft: etwa 130 °C. Den Salat mit Salz, gemahlenem Pfeffer und Kräuteressig nochmals abschmecken. Die Schüssel mit dem Salat auf dem Rost in den vorgeheizten Backofen schieben. Den Salat 15–20 Minuten wärmen, dabei gelegentlich durchschwenken. 2 Esslöffel Schnittlauchröllchen unterrühren. Den Salat warm servieren.

KRAUTSALAT

VEGAN

VORBEREITUNG:
max. 2 Tage im Voraus

ZUBEREITUNGSZEIT:
30 Minuten

DURCHZIEHZEIT:
etwa 60 Minuten oder über Nacht

ZUTATEN FÜR 12 PORTIONEN
1–1 ½ kg Weißkohl
300 g Gemüsezwiebeln
1 TL Kümmelsamen
4 EL Speiseöl, z. B. Sonnenblu-
    men- oder Rapsöl

FÜR DIE MARINADE:
5 EL veganer Weißweinessig
1 TL Selleriesalz
1 gestr. TL Salz
½ TL gem. Pfeffer
1–2 EL Zucker
1–2 TL ger. Meerrettich
    (aus dem Glas)

PRO PORTION:
E: 1 g, F: 4 g, Kh: 7 g, kcal: 67

1. Von dem Weißkohl die äußeren welken Blätter entfernen. Den Kohl vierteln, abspülen, abtropfen lassen und den Strunk herausschneiden. Den Kohl in feine Streifen schneiden oder hobeln. Gemüsezwiebeln abziehen und in feine Streifen schneiden. Die Kohl- und Zwiebelstreifen in eine große Schüssel geben. Kümmel mit ein paar Tropfen Speiseöl auf einem Schneidbrett grob hacken. (Hinweis: Das Öl dient dazu, dass der Kümmel beim Hacken nicht wegspringt.)

2. Für die Marinade restliches Speiseöl mit Essig, Selleriesalz, Salz, Pfeffer, Zucker und Meerrettich in einem Topf einmal aufkochen lassen.

3. Die heiße Marinade und den Kümmel über den Weißkohlsalat geben und gut vermengen. Den Salat etwa 60 Minuten oder über Nacht durchziehen lassen.

4. Den Salat vor dem Servieren mit Salz, Pfeffer, Meerrettich und Zucker abschmecken.

TIPPS:
Für eine nicht vegetarische Variante nach Belieben den Salat mit kross gebratenen Baconscheiben belegen.
Wenn Sie den Weißkohlsalat durchkneten, wird er noch weicher und zieht besser durch.
Statt Weißkohl können sie auch Spitzkohl verwenden.

REZEPTVARIANTE:
Für **Krautsalat mit Sonnenblumenkernen** 2 Esslöffel Sonnenblumenkerne in einer Pfanne ohne Fett rösten und auf den fertigen Salat streuen.

MAISBRÖTCHEN

VEGAN

ZUBEREITUNGSZEIT:
10 Minuten

TEIGGEH-/RUHEZEIT:
50-55 Minuten

GRILLZEIT:
8–10 Minuten

ZUTATEN FÜR 12 STÜCK

FÜR DEN HEFETEIG:
250 g Weizenmehl
250 g Maismehl
42 g frische Hefe
2 TL Zucker
300 ml lauwarmes Wasser
1 gestr. TL Salz
2 TL Sambal Oelek
½ TL gem. Kurkuma (Gelbwurz)
3 TL Olivenöl

50 g Maisgrieß

ZUSÄTZLICH:
etwas Speiseöl für den Grillrost

PRO STÜCK:
E: 5 g, F: 2 g, Kh: 35 g, kcal: 180

1. Für den Teig beide Mehlsorten im vorgeheizten Backofen kurz erwärmen und in eine Rührschüssel geben. In die Mitte eine Vertiefung drücken und die Hefe hineinbröckeln. Zucker und etwas warmes Wasser hinzufügen. Mit einem kleinen Teil des Mehls mit einer Gabel vorsichtig verrühren und 10–15 Minuten gehen lassen.

2. Restliches Wasser, Salz, Sambal Oelek, Kurkuma und Olivenöl hinzufügen. Die Zutaten mit einem Mixer (Knethaken) zunächst kurz auf niedrigster, dann auf höchster Stufe in etwa 5 Minuten zu einem glatten Teig verarbeiten. Den Teig mit Mehl bestäuben und zugedeckt so lange an einem warmen Ort gehen lassen, bis er sich sichtbar vergrößert hat, etwa 30 Minuten.

3. Den gegangenen Teig leicht mit Mehl bestäuben, aus der Schüssel nehmen und auf der gut bemehlten Arbeitsfläche nochmals gut durchkneten. Den Hefeteig in 12 gleich große Portionen teilen, dann jeweils zu einer Kugel formen und etwas flach drücken. Die Teigbrötchen nochmals zugedeckt etwa 10 Minuten an einem warmen Ort gehen lassen.

4. Die Teigbrötchen von beiden Seiten mit Wasser bestreichen, in dem Maisgrieß wälzen und auf den Grillrost (gut gefettet) des heißen Grills legen. Die Maisbrötchen bei mittlerer Hitze 8–10 Minuten grillen, dabei hin und wieder wenden.

TIPP:
Sie können den Hefeteig auch in einer Küchenmaschine zubereiten. Dafür die angegebenen Zutaten in die Küchenmaschine geben und in etwa 5 Minuten zu einem Teig verkneten. Dann wie ab Punkt 3 beschrieben weiter zubereiten.

MEDITERRANE FLADENBROTE MIT SALAT

VEGETARISCH

ZUBEREITUNGSZEIT:
60 Minuten, ohne Teiggehzeit

GRILLZEIT:
etwa 10 Minuten je Grillschale
oder Grillblech

ZUTATEN FÜR 12 PORTIONEN

FÜR DEN HEFETEIG:
1 kg Weizenmehl
2 Pck. Trockenbackhefe
½ gestr. TL Salz
500 ml lauwarmes Wasser

**FÜR DEN TOMATEN-
BASILIKUM-SALAT:**
etwa 2 kg Tomaten
1 Topf Basilikum
100 ml Crema di Balsamico
100 ml heller Balsamico-Essig
Salz, gem. Pfeffer
250 ml Olivenöl
4 Stängel Rosmarin
1 Bund Majoran
2 EL rosa Pfefferbeeren
1 EL grobes Meersalz
200 ml Olivenöl

ZUSÄTZLICH:
Grillschalen (ohne Löcher) oder
    Grillbleche
etwas Fett für die Grillschalen
    oder Grillbleche
Alufolie

PRO PORTION:
E: 11 g, F: 41 g, Kh: 72 g, kcal: 706

1. Für den Teig Mehl in einer Rührschüssel mit Trockenbackhefe und Salz sorgfältig vermischen. In die Mitte eine Vertiefung drücken, lauwarmes Wasser hinzugießen. Die Zutaten mit einer Küchenmaschine (Knethaken) zunächst kurz auf niedrigster, dann auf höchster Stufe in etwa 5 Minuten zu einem glatten Teig verarbeiten. Oder die Teigzutaten halbieren und jeweils mit einem Mixer (Knethaken) zunächst kurz auf niedrigster, dann auf höchster Stufe in etwa 5 Minuten zu einem glatten Teig verarbeiten. Den Teig zugedeckt so lange an einem warmen Ort gehen lassen, bis er sich sichtbar vergrößert hat, etwa 30 Minuten.

2. In der Zwischenzeit für den Salat Tomaten abspülen, abtropfen lassen, halbieren und die Stängelansätze herausschneiden. Die Tomaten in Stücke schneiden. Basilikum abspülen, trocken tupfen und die Blättchen von den Stängeln zupfen. Einige Blättchen zum Garnieren beiseitelegen. Die restlichen Blättchen fein schneiden. Crema di Balsamico mit Essig verrühren, mit Salz und Pfeffer würzen, das Olivenöl unterschlagen. Das Dressing mit den Tomatenstücken und Basilikumblättchen vermischen.

3. Rosmarin und Majoran abspülen, trocken tupfen und die Nadeln bzw. Blättchen von den Stängeln zupfen, Nadeln und Blättchen klein schneiden, 2 Esslöffel davon mit rosa Pfefferbeeren und Meersalz mischen. Die Kräutermischung beiseitestellen.

4. Den gegangenen Teig auf der leicht bemehlten Arbeitsfläche nochmals gut durchkneten, restliche Kräuter unterkneten. Den Teig zu einer dicken Rolle formen und in 24 gleich große Portionen teilen. Diese zu dünnen Fladen formen, von beiden Seiten mit etwas Olivenöl bestreichen, in Grillschalen (gefettet) oder auf Grillbleche (gefettet) legen.

5. Die Grillschalen oder Grillbleche auf den Grillrost des heißen Grills legen. Die Fladen bei nicht zu starker Hitze je etwa 10 Minuten grillen (backen). Die Teigfladen einmal wenden. Nach dem Wenden die Fladen nochmals mit etwas Olivenöl bestreichen und mit der beiseitegestellten Kräutermischung bestreuen. Die Grillschalen oder Grillbleche mit Alufolie zudecken.

6. Den Tomaten-Basilikum-Salat mit den beiseitegelegten Basilikumblättchen garnieren und zu den Fladenbroten servieren.

TIPP:
Der Tomaten-Basilikum-Salat kann fertig zubereitet 3–4 Stunden zugedeckt im Kühlschrank durchziehen.

NUDELSALAT

ZUBEREITUNGSZEIT:
25 Minuten, ohne Durchziehzeit

**ZUTATEN FÜR
4–6 PORTIONEN**

200 g Spiralnudeln
Salz
100 g TK-Erbsen
175 g abgetropfte Mandarinen
(aus der Dose)
1 kleines Bund Frühlingszwiebeln
200 g Fleischwurst
100 g junger Gouda, am Stück

FÜR DIE SALATSAUCE:

100 g Salatmayonnaise
100 g Joghurt (3,5% Fett)
3 EL Zitronensaft
3–4 EL Mandarinensaft (von den
abgetropften Mandarinen)
gem. Pfeffer
Zucker
einige Stängel Dill

PRO PORTION:
E: 22 g, F: 45 g, Kh: 49 g, kcal: 698

1. Die Nudeln in kochendem Salzwasser nach Packungsanleitung bissfest kochen, dabei gelegentlich umrühren. Etwa 1 Minute vor Ende der Garzeit die TK-Erbsen mit in das Nudelwasser geben und mitgaren lassen.

2. Anschließend die Nudeln mit den Erbsen in ein Sieb geben, mit heißem Wasser abspülen und abtropfen lassen.

3. Von den Mandarinen den Saft auffangen. Die Frühlingszwiebeln putzen, abspülen, abtropfen lassen und in Scheiben schneiden. Von der Fleischwurst die Pelle abziehen, den Käse evtl. entrinden. Fleischwurst und Käse in etwa 1 cm große Würfel schneiden.

4. Für die Sauce Mayonnaise mit Joghurt, Zitronensaft und Mandarinensaft verrühren. Mit Salz, Pfeffer und etwas Zucker würzen. Nudeln mit Mandarinen, Frühlingszwiebelscheiben, Fleischwurst-, Käsewürfeln und der Sauce in einer großen Schüssel vorsichtig vermischen. Nudelsalat kurz durchziehen lassen.

5. Dill abspülen, trocken tupfen und die Spitzen von den Stängeln zupfen, Dill grob zerschneiden. Den Nudelsalat anrichten und mit Dill bestreut servieren.

TIPPS:
Statt Fleischwurst klein geschnittene Wiener oder Bockwürstchen verwenden. Oder als pikante Variante in Würfel geschnittene Chorizo (spanische Paprikawurst) unter den Salat mischen.
Bei der vegetarischen Variante einfach die Wurst weglassen und durch 165 g abgetropften Gemüsemais (aus der Dose) ersetzen.

POLENTA-GRILLTALER

VEGETARISCH

ZUBEREITUNGSZEIT:
45 Minuten

ABKÜHLZEIT:
etwa 2 Stunden

GRILLZEIT:
etwa 5 Minuten

**ZUTATEN FÜR
4–6 PORTIONEN**

FÜR DEN MAISBREI:
750 ml Gemüsebrühe
175 g Polenta (Maisgrieß)
1 Bund glatte Petersilie
2 Stängel Thymian
1 Stängel Basilikum
1 kleines Bund Schnittlauch
50 g Butter
50 g ger. Parmesan
Salz
gem. Pfeffer
3–4 EL Pflanzenöl
    zum Bestreichen
evtl. 75 g Crème fraîche

ZUSÄTZLICH:
1 Auflaufform
etwas Speiseöl für Form
    und Grillrost

PRO PORTION:
E: 6 g, F: 21 g, Kh: 26 g, kcal: 323

1. Für den Maisbrei die Brühe in einem Topf zum Kochen bringen. Maisgrieß unter Rühren einrieseln lassen und nach Packungsanleitung zubereiten. Den Topf von der Kochstelle nehmen.

2. In der Zwischenzeit die Kräuter abspülen und trocken tupfen. Nach Belieben einige Petersilienstängel zum Garnieren beiseitelegen. Die Blättchen von den restlichen Kräuterstängeln zupfen. Blättchen klein schneiden. Schnittlauch in feine Röllchen schneiden.

3. Kräuter, Butter und Parmesan unter den noch heißen Maisbrei rühren. Den Maisbrei mit Salz und Pfeffer würzen. Den Maisbrei in einer Auflaufform (gefettet) verstreichen und bei Zimmertemperatur etwa 2 Stunden abkühlen lassen.

4. Polenta auf ein großes Schneidebrett oder auf die Arbeitsfläche stürzen und z. B. mit einem runden Ausstecher dicht an dicht Scheiben ausstechen.

5. Die Polentascheiben rundherum mit Pflanzenöl einstreichen und auf dem Grillrost (gefettet) des heißen Grills bei mittlerer Hitze insgesamt etwa 5 Minuten grillen. Dabei einmal wenden.

6. Die gegrillten Polentascheiben mit je 1 Klecks Crème fraîche und den beiseitegelegten Petersilienstängeln anrichten, mit etwas Salz bestreut servieren.

TIPPS:
Die Polentamasse einfach in Drei- oder Vierecke schneiden, so bleiben keine Reste übrig.
Die Polentascheiben einige Stunden vor dem Grillen oder sogar am Vortag vorbereiten und zugedeckt in den Kühlschrank stellen.

SPIRALKARTOFFELN

VEGAN

ZUBEREITUNGSZEIT:
30 Minuten

GRILLZEIT:
30–35 Minuten

**ZUTATEN FÜR
4–8 PORTIONEN (JE NACH
VERWENDUNGSZWECK)**

FÜR DAS POMMESGEWÜRZ:
8 gestr. EL Salz
½ EL Rauchsalz
2 EL Paprikapulver rosenscharf
1 EL Currypulver indisch
½ EL Chilipulver

FÜR DIE KARTOFFELN:
8 mittelgroße Kartoffeln
   (zusammen etwa 800 g)
8–10 EL Sonnenblumen- oder
   Rapsöl

ZUSÄTZLICH:
8 Grillspieße (z. B. Bambusspieße,
   über Nacht in Wasser eingelegt,
   oder Metallspieße)

PRO PORTION:
E: 3 g, F: 20 g, Kh: 24 g, kcal: 296

1. Für das Pommesgewürz alle Gewürze in einem Blitzhacker kurz mixen.

2. Die Kartoffeln unter fließendem kalten Wasser gründlich abbürsten, gut abtropfen lassen und mit den Grillspießen längs aufspießen.

3. Den Grill für indirektes Grillen vorbereiten und auf 180–200 °C aufheizen.

4. Die Kartoffeln nacheinander mit einem scharfen Messer rundherum bis zum Spieß spiralförmig einschneiden. Dabei das Messer leicht schräg halten, damit man keine Kartoffelscheiben, sondern eine Spirale erhält. Die Spirale dann behutsam auseinanderziehen (möglichst gleichmäßiger Abstand!).

5. Die Kartoffelspiralen nacheinander in einer Schüssel rundherum mit Sonnenblumen- oder Rapsöl bestreichen, mit dem Pommesgewürz bestreuen und im indirekten Hitzebereichs des Grills (Grill geschlossen) 30–35 Minuten grillen.

TIPPS:
Das restliche Pommesgewürz in einem luftdicht verschlossenen Glas aufbewahren. Das Gewürz kann auf Vorrat hergestellt werden. Es ist mindestens 3–4 Monate haltbar.
Für Vegetarier: Das Pommesgewürz zusätzlich mit 2–3 Esslöffeln ganz fein geriebenem Parmesan (selbst gerieben oder Fertigpackung aus dem Kühlregal, etwa 30 g) verfeinern.
Die Kartoffelspirale als Beilage oder als einfachen Snack mit einem Dip servieren.

REZEPTVARIANTE:
Für **Spiralkartoffeln mit Süßkartoffeln** das Pommesgewürz wie oben beschrieben zubereiten. Dann 4 kleine Süßkartoffeln (etwa 800 g) unter fließendem kalten Wasser abbürsten, gut abtropfen lassen und mit 4 Grillspießen (am besten aus Metall oder viereckige Bambusspieße mit Griff, über Nacht in Wasser eingelegt) längs aufspießen. Das Loch für die Spieße bei Bedarf mit einem dünnen Schraubenzieher vorbohren, da das Fruchtfleisch der Süßkartoffel wesentlich fester ist als das herkömmlicher Kartoffeln. Die Süßkartoffelspieße wie unter Punkt 4 beschrieben vorbereiten. Die Spiralen rundherum mit 6–8 Esslöffeln Pflanzenöl (z. B. Olivenöl) bestreichen, mit dem Pommesgewürz bestreuen und im indirekten Hitzebereich des Grills (Grill geschlossen) 30–35 Minuten garen.

STOCKBROT À LA PROVENCE

ZUBEREITUNGSZEIT:
60 Minuten

TEIGGEH-/RUHEZEIT:
etwa 30 Minuten

GRILLZEIT:
10–15 Minuten

ZUTATEN FÜR 12 STÜCK

FÜR DEN HEFETEIG:
1 Stängel Rosmarin
1 kg Weizenmehl
3 Pck. Trockenbackhefe
1 TL Zucker
2 gestr. TL Salz
½ TL grob gem. Pfeffer
1 TL getrocknete Kräuter der
    Provence
500 ml lauwarmes Wasser

ZUSÄTZLICH:
12 Stöcke (80–100 cm, z. B. Weide
    oder Haselnuss)
evtl. Alufolie

PRO STÜCK:
E: 10 g, F: 1 g, Kh: 62 g, kcal: 310

1. Für den Teig Rosmarin abspülen, trocken tupfen und die Nadeln von dem Stängel zupfen. Nadeln klein schneiden. Mehl in eine Rührschüssel geben, mit Trockenbackhefe sorgfältig vermischen. Zucker, Salz, Pfeffer, Rosmarin, Kräuter der Provence und Wasser hinzufügen.

2. Die Zutaten mit einem Mixer (Knethaken) zunächst kurz auf niedrigster, dann auf höchster Stufe in etwa 5 Minuten zu einem glatten Teig verarbeiten. Den Teig zugedeckt so lange an einem warmen Ort gehen lassen, bis er sich sichtbar vergrößert hat, etwa 30 Minuten.

3. Die Stöcke säubern und evtl. fest mit Alufolie umwickeln. Aus dem Teig etwa 12 lange Rollen formen. Die Rollen spiralförmig, jeweils an der Spitze beginnend um die vorbereiteten Stöcke wickeln.

4. Das Stockbrot am Stockende in die heiße Glut halten und unter ständigem Drehen 10–15 Minuten grillen (backen).

TIPPS:
Stockbrot lässt sich besonders gut im offenen Lagerfeuer backen oder direkt in der Glut des Grills.
Den Teig können Sie bereits 4–5 Stunden vorher zubereiten und zugedeckt in den Kühlschrank stellen. Den Teig etwa 30 Minuten vor dem Grillen aus dem Kühlschrank nehmen, warm gestellt noch etwa 15 Minuten gehen lassen und dann wie beschrieben zu Stockbroten verarbeiten.

REZEPTVARIANTE:
Für **Curry-Zwiebel-Stockbrote** zusätzlich 2 sehr fein gewürfelte Zwiebeln in 1–2 Esslöffeln Speiseöl andünsten, mit 1–2 Esslöffeln mildem Currypulver bestäuben. Diese Mischung unter den vorbereiteten Stockbrotteig kneten.

SÜSSKARTOFFELN MIT HONIG-SENF-DRESSING

VEGETARISCH

ZUBEREITUNGSZEIT:
35 Minuten, ohne Abkühlzeit

GRILLZEIT:
8–10 Minuten

ZUTATEN FÜR 4 PORTIONEN
4 längliche Süßkartoffeln
   (je 180–200 g)
½ gestr. TL Salz

FÜR DAS HONIG-SENF-DRESSING:
2 Frühlingszwiebeln
1 Bund glatte Petersilie
80 g geröstete, gesalzene
   Erdnusskerne
4 EL flüssiger Honig
2 EL mittelscharfer Senf
2 EL Traubenkern- oder Olivenöl
Salz
gem. Pfeffer

ZUSÄTZLICH:
etwas Speiseöl für den Grillrost

PRO PORTION:
E: 9 g, F: 17 g, Kh: 65 g, kcal: 468

1. Die Süßkartoffeln unter fließendem kalten Wasser abbürsten und abtropfen lassen. Die Süßkartoffeln in einem Topf knapp mit Wasser bedeckt zugedeckt zum Kochen bringen. Salz hinzugeben. Kartoffeln in etwa 20 Minuten gar kochen.

2. Die gegarten Kartoffeln abgießen und abkühlen lassen.

3. In der Zwischenzeit für das Dressing die Frühlingszwiebeln putzen, abspülen und abtropfen lassen. Frühlingszwiebeln in feine Scheiben schneiden. Petersilie abspülen, trocken tupfen und die Blättchen von den Stängeln zupfen. Einige Blättchen zum Garnieren beiseitelegen. Restliche Blättchen klein schneiden.

4. Erdnusskerne hacken, mit Frühlingszwiebelscheiben, Petersilie, Honig, Senf und Traubenkern- oder Olivenöl verrühren. Dressing mit Salz und Pfeffer würzen.

5. Die Süßkartoffeln längs halbieren und mit der Schnittfläche nach unten auf den Grillrost (gefettet) des heißen Grills legen. Die Kartoffelhälften bei mittlerer Hitze 8–10 Minuten grillen, dabei hin und wieder wenden, bis die Süßkartoffeln knusprig braun sind.

6. Die Kartoffeln anrichten, je 1 Löffel von dem Dressing daraufgeben und mit den beiseitegelegten Petersilienblättchen garniert sofort servieren.

REZEPTVARIANTE:
Für **gegrillte Süßkartoffelscheiben** 2 kg Süßkartoffeln gründlich waschen, abtropfen lassen und mit Küchenpapier trocken tupfen. Kleinere Kartoffeln in 1–2 cm dicke Scheiben schneiden. Größere Kartoffeln zunächst längs halbieren und dann in 1–2 cm dicke Scheiben schneiden. Salzwasser in einem Topf zugedeckt zum Kochen bringen. Die Kartoffelscheiben darin evtl. portionsweise etwa 5 Minuten garen, in ein Sieb abgießen, mit kaltem Wasser abspülen und abtropfen lassen. 2 Knoblauchzehen abziehen, fein würfeln und mit 1 Teelöffel rosa Pfefferbeeren und 1 Teelöffel grob gestoßenem Szechuanpfeffer vermischen. Die Süßkartoffelscheiben mit 5 Esslöffeln Olivenöl vermischen, mit Salz und der Knoblauch-Pfeffer-Mischung würzen. Die Kartoffelscheiben evtl. in Grillschalen (gefettet) auf den Rost des heißen Grills stellen. Oder die Kartoffelscheiben direkt auf dem Grillrost (gefettet) des heißen Grills grillen, bis sie die gewünschte Bräune erreicht haben, dabei einmal wenden.

TOMATENGRILLBROT
(IM FOTO UNTEN)

VEGAN

ZUBEREITUNGSZEIT:
30 Minuten, ohne Röstzeit

ZUTATEN FÜR 12 PORTIONEN
12 Knoblauchzehen
6 Tomaten (etwa 660 g)
24 Scheiben Baguette,
    schön lang geschnitten
etwa 180 ml Olivenöl
etwas grobes Meersalz
gem. Pfeffer

ZUSÄTZLICH:
etwas Speiseöl für den Grillrost

PRO PORTION:
E: 3 g, F: 16 g, Kh: 22 g, kcal: 239

1. Den Knoblauch abziehen, Tomaten abspülen, abtrocknen, halbieren und die Stängelansätze entfernen.

2. Die Baguettescheiben auf den Grillrost (gefettet) des heißen Grills legen und von jeder Seite kurz goldgelb rösten.

3. Die Baguettescheiben vom Grill nehmen und sofort mit dem abgezogenen Knoblauch einreiben. So lange reiben, bis nichts mehr vom Knoblauch übrig ist.

4. Anschließend die Baguettescheiben mit den angeschnittenen Seiten der Tomatenhälften einreiben und mit Olivenöl beträufeln. Die Baguettescheiben mit Meersalz und Pfeffer bestreuen und sofort servieren.

TIPPS:
Die Brotscheiben zusätzlich mit frisch gehobeltem Parmesan und/oder vorbereitetem Rucola (Rauke) bestreuen.
Die Tomatenhälften nach dem Abreiben auf den heißen Grill legen und mitgrillen, bis sie schöne Röststellen haben. Tomaten mit Salz und frisch gemahlenem Pfeffer würzen, mit Olivenöl beträufeln und zu Grillfleisch oder -fisch servieren.

REZEPTVARIANTE:
Reichen Sie die gerösteten und mit Knoblauch eingeriebenen **Baguette-scheiben mit Schafskäsetatar** (im Foto oben, vegetarisch): Dafür 400 g Schafskäse in kleine Würfel schneiden. Je 2 Zwiebeln und Knoblauchzehen abziehen und fein würfeln. 50 g entsteinte schwarze Oliven in kleine Stücke schneiden. 1 Bund Petersilie abspülen, trocken tupfen und die Blättchen von den Stängeln zupfen. Blättchen klein schneiden. Die Schafskäse-, Zwiebel- und Knoblauchwürfel mit 6 Esslöffeln Olivenöl verrühren, dabei den Schafs-käse mit einer Gabel fein zerdrücken. Die Olivenstücke und die geschnittene Petersilie unterheben. Das Schafskäsetatar mit Pfeffer abschmecken. Zum Vorbereiten kann das Schafskäsetatar 2 Tage vor dem Grillen zubereitet und in gründlich gereinigte, gespülte und getrocknete Gläser gefüllt werden. Die Gläser mit Deckeln fest verschließen und in den Kühlschrank stellen.

HEISS & SÜSS

ANANAS-NEKTARINEN-SPIESSE

ZUBEREITUNGSZEIT:
30 Minuten

DURCHZIEHZEIT:
etwa 15 Minuten

GRILLZEIT:
etwa 10 Minuten

ZUTATEN FÜR 6 SPIESSE

FÜR DIE SPIESSE:
6 Nektarinen (etwa 900 g)
800–1000 g frisches
    Ananasfruchtfleisch
    (aus dem Kühlregal)

FÜR DIE SAUCE:
1 Chilischote
250 ml süße Chilisauce
3 EL flüssiger Akazienhonig

ZUM GARNIEREN:
einige Stängel Pfefferminze
15 g Chilifäden

ZUSÄTZLICH:
6 Grillspieße (etwa 25 cm lang,
    z. B. Bambusspieße, über Nacht
    in Wasser eingelegt)
1–2 Edelstahl-Grillschalen
    (ohne Löcher)
etwas Speiseöl für die Grillschalen

PRO SPIESS:
E: 3 g, F: 1 g, Kh: 63 g, kcal: 289

1. Die Nektarinen abspülen, abtrocknen, vierteln und die Steine entfernen. Die Nektarinenviertel nochmals längs halbieren.

2. Ananasscheiben zuerst in etwa 2 cm dicke Scheiben und dann in mundgerechte Stücke schneiden.

3. Für die Sauce Chilischote längs halbieren, entstielen, entkernen, abspülen, trocken tupfen und klein würfeln.

4. Die Chilisauce mit Honig und Chilischotenwürfeln verrühren.

5. Die Nektarinen- und Ananasstücke abwechselnd auf die Spieße stecken. Die Spieße in eine große, flache Schale legen und mit der Chilisauce bestreichen. Spieße etwa 15 Minuten durchziehen lassen.

6. Pfefferminze abspülen, trocken tupfen und die Blättchen von den Stängeln zupfen.

7. Die Spieße abtropfen lassen und nebeneinander in die Grillschalen (gefettet) legen. Die Grillschalen auf den Grillrost des heißen Grills stellen. Die Ananas-Nektarinen-Spieße von jeder Seite etwa 5 Minuten grillen.

8. Dann die Spieße nochmals mit der Sauce einstreichen, mit den Minzeblättchen und den Chilifäden garnieren und servieren. Die restliche Sauce dazureichen.

TIPP:
Die Ananas-Nektarinen-Spieße statt in Grillschalen auf einer Grillplatte (gefettet) grillen.

APFELROSEN VOM GRILL

ZUBEREITUNGSZEIT:
30 Minuten

GRILLZEIT:
etwa 35 Minuten

ZUTATEN FÜR 4 STÜCK
1 Bio-Zitrone
    (unbehandelt, ungewachst)
1 l kochendes Wasser
2 Äpfel, süß-sauer,
    z. B. Cox Orange
1 fertiger Blätterteig aus dem
    Kühlregal (etwa 40 x 25 cm)
6 TL Aprikosenkonfitüre oder
    Lemoncurd
1 TL Butter (etwa 10 g)
2 EL flüssiger Honig
1 Msp. gem. Zimt
150 g saure Sahne oder
    Crème fraîche

ZUSÄTZLICH:
1 Muffinform (für 6 Muffins)
etwas Butter oder Margarine
    für die Muffinform

PRO STÜCK:
E: 4 g, F: 28 g, Kh: 44 g, kcal: 451

1. Zitrone heiß abwaschen, abtrocknen und die Schale fein abreiben. Zitrone halbieren und den Saft auspressen.

2. Das kochende Wasser mit Zitronensaft in einer Schüssel verrühren.

3. Äpfel abspülen, abtrocknen und entstielen. Mit einem Apfelausstecher das Kerngehäuse entfernen. Die Äpfel längs halbieren und mit einem Messer oder einem Küchenhobel in feine Scheiben schneiden. Apfelscheiben in das vorbereitete noch heiße Zitronenwasser geben.

4. Blätterteig ausrollen und der Länge nach in 4 gleich große Streifen schneiden.

5. Vier Teelöffel Aprikosenkonfitüre oder Lemoncurd in einer kleinen Schüssel glatt verrühren. Jeweils 1 Teelöffel davon in die Mitte der Teigstreifen geben und verstreichen.

6. Die Apfelscheiben mit der Schaumkelle aus dem Zitronenwasser nehmen und auf Küchenpapier abtropfen lassen. Die Apfelscheiben mit der Schnittkante nach unten und überlappend auf den oberen Rand des Blätterteigs legen. Die Apfelscheiben sollten dabei etwas überstehen.

7. Die untere Hälfte des Teigstreifens nach oben klappen und etwas andrücken. Den Teig mit den Apfelscheiben behutsam der Länge nach aufrollen und in 4 Mulden der Muffinform (gefettet) setzen.

8. Die Form in die indirekte Hitze (180–200 °C) auf den Grillrost des heißen Grills stellen. Die Apfelrosen etwa 35 Minuten grillen (backen).

9. Butter, restliche Konfitüre oder Lemoncurd, die Hälfte von dem Honig und Zimt in einem Topf verrühren und erwärmen. Die Apfelrosen nach etwa 30 Minuten Grillzeit vorsichtig damit bestreichen und fertig grillen (backen).

10. Saure Sahne oder Crème fraîche, restlichen Honig und Zitronenschale glatt rühren und zu den noch warmen Apfelrosen reichen.

TIPP:
Wer es ganz süß mag, bestreut die Apfelrosen zum Servieren noch mit Puderzucker.

CROISSANTS MIT NUSS-NOUGAT-FÜLLUNG

ZUBEREITUNGSZEIT:
30 Minuten

GRILLZEIT:
10–15 Minuten

ZUTATEN FÜR 12 PORTIONEN
12 Croissants (abgepackt, je 50 g)
400 g Nuss-Nougat
2 EL Aprikosenkonfitüre
2 EL Schokoflocken (etwa 25 g)
2 EL Hagelzucker (etwa 20 g)

ZUSÄTZLICH:
12 Bögen Alufolie

PRO PORTION:
E: 5 g, F: 21 g, Kh: 47 g, kcal: 401

1. In die Croissants längs mithilfe eines Kochlöffelstieles jeweils ein tiefes Loch bohren. Nuss-Nougat längs in 12 Stangen schneiden, diese halbieren und jeweils 2 Stücke in die Croissant-Löcher schieben. Jedes Croissant in 1 Bogen Alufolie einpacken.

2. Die Croissant-Päckchen auf den Grillrost des heißen Grills legen und bei nicht zu starker Hitze 10–15 Minuten grillen.

3. Die Aprikosenkonfitüre durch ein feines Sieb streichen, mit etwas Wasser verrühren und in einem kleinen Topf unter Rühren erhitzen.

4. Die Alufolie öffnen und die gegrillten Croissants mit der warmen Aprikosenkonfitüre bestreichen, mit Schokoflocken und Hagelzucker bestreuen.

TIPPS:
Die Croissants können auch auf Doppelspieße aufgesteckt werden und „schwebend" über dem heißen Grill bewegt werden, bis die Nougatmasse beginnt sich zu verflüssigen.
Die Croissants wie unter Punkt 1 beschrieben 3–4 Stunden vor dem Grillen vorbereiten.
Dazu einen erfrischenden **Obstsalat** reichen. Dazu von 6 Orangen die Schale mit einem Messer rundherum abschneiden, dabei die weiße Haut mit entfernen. Die Orangenfilets herauslösen. 300 g kernlose Weintrauben abspülen und gut abtropfen lassen. Die Weintrauben entstielen, evtl. halbieren. 3 große Birnen abspülen, abtrocknen, vierteln und entkernen. Die Birnenviertel in dünne Scheiben schneiden. Die Obststücke mit 1 Esslöffel geschnittenen Zitronenmelisseblättchen (Blättchen abgespült und trocken getupft) und 2 Esslöffeln Crema di Balsamico vorsichtig vermischen. Je nach Geschmack und Jahreszeit die Weintrauben z. B. durch Erdbeeren ersetzen.

GEGRILLTE APFELSCHEIBEN AUF ZIMTSTUTEN

ZUBEREITUNGSZEIT:
15 Minuten

GRILLZEIT:
4–5 Minuten

ZUTATEN FÜR 4 PORTIONEN
80 g Butter
2 TL feiner Zucker
1 gestr. TL gem. Zimt
4 süßsaure Äpfel,
    z. B. Cox Orange
4 Scheiben süßes Stutenbrot
    (Rosinenbrot, je 30 g)
4 TL griechischer Joghurt
4 geh. TL Studentenfutter
etwa 2 TL flüssiger Honig

ZUSÄTZLICH:
etwas Speiseöl für den Grillrost

PRO PORTION:
E: 3 g, F: 14 g, Kh: 40 g, kcal: 306

1. Die Butter zerlassen. Zucker und Zimt miteinander vermischen.

2. Die Äpfel abspülen, abtrocknen und das Kerngehäuse mit einem Apfel-ausstecher ausstechen. Die Äpfel dann in je 4 Ringe schneiden.

3. Apfelringe und Stutenbrotscheiben von beiden Seiten mit der zerlasse-nen Butter bestreichen. Apfelringe und Stutenbrotscheiben auf dem Grillrost (gefettet) des heißen Grills bei starker Hitze von beiden Seiten insgesamt 3–4 Minuten grillen. Achtung: Die Stutenbrotscheiben nehmen schneller Farbe an als die Apfelringe!

4. Die gegrillten Apfelringe und Stutenbrotscheiben dann mit Zimtzucker bestreuen und nochmals knapp 1 Minute weitergrillen.

5. Die Stutenbrotscheiben jeweils mit 4 Apfelringen belegen, mit je 1 Tee-löffel griechischem Joghurt, Studentenfutter und Honig nach Geschmack garnieren. Sofort servieren.

TIPPS:
Anstelle der Äpfel können Sie auch Birnenscheiben verwenden.
Ersetzen Sie die Apfelscheiben durch ein Apfelkompott. Hierfür 3 kleine säuerliche Äpfel (etwa 400 g, z. B. Boskop, Elstar) abspülen, abtrocknen, schälen, vierteln, entkernen und in mundgerechte Stücke schneiden. Die Apfelstücke mit 2–3 Esslöffeln Wasser in einem Topf zum Kochen bringen und bei schwacher Hitze etwa 5 Minuten mit Deckel knapp gar kochen. Das Apfelkompott nach Belieben mit etwas Zucker abschmecken, lauwarm oder abgekühlt servieren.

GEMINZTE HONIGMELONE

ZUBEREITUNGSZEIT:
30 Minuten

DURCHZIEHZEIT:
etwa 60 Minuten

GRILLZEIT:
etwa 15 Minuten

ZUTATEN FÜR 8 PORTIONEN
etwa 40 g Pfefferminzeblättchen
    (oder ersatzweise 10 Beutel
    Pfefferminzetee)
250 ml Wasser
2 EL flüssiger Honig
2 Honigmelonen
einige Stängel Pfefferminze zum
    Garnieren

ZUSÄTZLICH:
1 tiefes Backblech
1–2 Edelstahl-Grillschalen
    (ohne Löcher)
etwas Speiseöl für die Grillschalen

PRO PORTION:
E: 2 g, F: 3 g, Kh: 26 g, kcal: 138

1. Die Minzeblättchen abspülen und auf Küchenpapier abtropfen lassen. Wasser und Honig in einem Topf verrühren, aufkochen lassen und die Pfefferminzeblättchen oder ersatzweise die Teebeutel hinzugeben, zugedeckt etwa 15 Minuten ziehen lassen.

2. In der Zwischenzeit die Melonen abspülen, abtrocknen, halbieren und die Kerne mit einem Löffel entfernen. Jede Melonenhälfte in 6 Spalten teilen und nebeneinander in ein tiefes Backblech legen.

3. Die Minzeblättchen oder Teebeutel aus dem Topf nehmen. Den Minzesud über die Melonenspalten auf dem Backblech verteilen. Das Backblech in den Kühlschrank stellen und die Melonenspalten etwa 60 Minuten durchziehen lassen, dabei die Spalten alle 15 Minuten wenden.

4. Die Grillschalen (gefettet) auf den Grillrost des heißen Grills stellen und stark erhitzen. Die Melonenspalten abtropfen lassen und portionsweise in den Grillschalen 3–5 Minuten von beiden Seiten grillen.

5. Die Minzestängel abspülen, trocken tupfen und die Blättchen von den Stängeln zupfen. Die gegrillten Melonenspalten mit den Minzeblättchen garniert servieren.

TIPPS:
Anstelle der Grillschalen kann auch eine Grillplatte verwendet werden. Statt Honigmelonen eignen sich auch Netz-, Ogen- und Wassermelonen.

MARSHMALLOW-SANDWICHES (S'MORES)

ZUBEREITUNGSZEIT:
20 Minuten

ZUTATEN FÜR 12 STÜCK
24 große Marshmallows
24 Butterkekse (mit oder ohne
   Schokolade), Vollkornkekse
   oder dünne Haferkekse
12 dünne Schokotäfelchen
   (je 10 g, Zartbitter oder
   Vollmilch)

ZUSÄTZLICH:
12 Bambusspieße (etwa 25 cm,
   über Nacht in Wasser eingelegt)

PRO STÜCK:
E: 3 g, F: 6 g, Kh: 31 g, kcal: 194

1. Je 2 Marshmallows direkt nebeneinander auf einen Spieß stecken.

2. Die Marshmallow-Spieße über den heißen Grill oder das Lagerfeuer halten und dabei immer wieder drehen. Die Marshmallows so lange erhitzen, bis sie leicht bräunen und auf dem Spieß zu rutschen beginnen.

3. Auf 12 Kekse je ein Schokotäfelchen legen. Je 2 Kekse (1 mit, 1 ohne Schokolade) wie ein Sandwich an die beiden Marshmallows legen und andrücken. Die Marshmallows mit den Keksen vom Spieß ziehen. Die Marshmallow-Sandwiches noch warm essen.

TIPPS:
Die Marshmallows vorsichtig essen, sie sind besonders innen sehr heiß! Für diesen kleinen süßen Snack eigenen sich verschiedene Kekse. Besonders lecker sind dünne, knusprige Kekse.

REZEPTVARIANTE:
Für leckere **Marshmallow-Cookie-Sandwiches** brauchen Sie 12 Marshmallows und 24 Cookies. Die Marshmallows in Grillschalen (gefettet) geben. Die Grillschalen auf den Grillrost des heißen Grills stellen. Die Marshmallows unter Wenden kurz grillen. Je 1 Marshmallow sofort zwischen 2 Cookies legen und etwas zusammendrücken.
Sie möchten die Cookies dazu selbst backen? Für **selbst gemachte Schoko-Cookies** 75 g zimmerwarme Butter oder Margarine mit einem Mixer (Rührstäbe) auf höchster Stufe geschmeidig rühren. Nach und nach 110 g Zucker unterrühren. So lange rühren, bis eine gebundene Masse entstanden ist. 1 Ei (Größe M) etwa ½ Minute unterrühren. Dann 100 g Weizenmehl unterrühren. Zum Schluss noch 50 g gehackte Nusskerne, 50 g fein gehackte Schokolade und 30 g Schokotropfen unter den Teig rühren. Den Teig mithilfe von 2 Löffeln mit genügend Abstand (der Teig läuft beim Backen etwas auseinander) auf Backbleche (mit Backpapier belegt) setzen. Die Cookies im vorgeheizten Backofen bei Ober-/Unterhitze: etwa 180 °C, Heißluft: etwa 160 °C etwa 15 Minuten je Backblech backen. Die Cookies auf Kuchenrosten erkalten lassen. Aus der Teigmasse erhalten Sie etwa 30 Cookies.

PFIRSICHE MIT MARZIPAN-FÜLLUNG

ZUBEREITUNGSZEIT:
30 Minuten

GRILLZEIT:
etwa 40 Minuten

ZUTATEN FÜR 6 PORTIONEN
3 reife Pfirsiche
90 g Marzipan-Rohmasse
90 g Mascarpone (ital. Frisch-
    käse) oder Crème fraîche
24 Amarettini
    (ital. Mandelmakronen)

ZUSÄTZLICH:
6 Bögen Backpapier
    (etwa 20 x 20 cm)
1 Muffinform
    (für 6 oder 12 Muffins)
Küchengarn

PRO PORTION:
E: 4 g, F: 11 g, Kh: 16 g, kcal: 184

1. Die Pfirsiche abspülen, abtrocknen, halbieren und jeweils den Stein herausnehmen.

2. Marzipan in 6 gleich große Stücke schneiden. Je 1 Marzipanstück in die Vertiefung einer Pfirsichhälfte drücken.

3. Die Mulden der Muffinform jeweils mit 1 Bogen Backpapier auslegen. Die Pfirsichhälften jeweils in die Mitte der Backpapierbögen setzen. Mascarpone oder Crème fraîche auf den Marzipanfüllungen verteilen. Amarettini grob zerbröseln und daraufstreuen.

4. Die Backpapierbögen oben zusammendrehen und mit Küchengarn fixieren, sodass kleine Päckchen entstehen. Die Muffinform mit den Päckchen auf den Grillrost im indirekten Hitzebereich des heißen Grills stellen und bei mittlerer Hitze (160–180 °C) etwa 40 Minuten mit geschlossenem Deckel garen.

5. Die Pfirsiche können im Backpapier oder ausgepackt serviert werden.

TIPPS:
Statt der Pfirsiche eignen sich auch Nektarinen oder 6 etwas ausgehöhlte Apfelhälften für dieses Grilldessert.
Die Päckchen können Sie 2–3 Stunden vor dem Grillen vorbereiten und zugedeckt in den Kühlschrank legen. Die Päckchen dann etwa 15 Minuten vor dem Grillen aus dem Kühlschrank nehmen.
Bei gegrillten Desserts empfiehlt es sich oft, auf einen Gasgrill zurückzugreifen, um den würzigen Holzkohlegeschmack eines Holzkohlegrills zu vermeiden. Bei einem Gasgrill ist der Grillgeschmack neutraler, wenn keine Holzchips zum Räuchern hinzugegeben werden.

SCHOKOBANANEN

ZUBEREITUNGSZEIT:
20 Minuten

GRILLZEIT:
15–20 Minuten

ZUTATEN FÜR 12 PORTIONEN
12 reife Bananen
48 Stücke Zartbitter- oder
    Vollmilch-Schokolade

ZUSÄTZLICH:
12 Bögen Alufolie

PRO PORTION:
E: 3 g, F: 6 g, Kh: 31 g, kcal: 205

1. Die Bananen auf die Arbeitsfläche legen und der Länge nach knapp zwei Drittel tief einschneiden. Die eingeschnittenen Bananen etwas auseinanderdrücken (damit später nicht zu viel von der Schokolade aus der Banane läuft).

2. Dann jeweils 4 Schokoladenstücke in die Spalten der Bananen setzen und jede Banane in 1 Bogen Alufolie einpacken.

3. Die Bananen auf dem Grillrost des heißen Grills im Randbereich 15–20 Minuten grillen, dabei die Bananen nicht drehen.

4. Die gegrillten Bananen vom Grillrost nehmen, die Alufolie an der Oberseite öffnen, aufklappen und die Bananen servieren.

TIPPS:
Die vorbereiteten Bananen vor dem Verpacken noch mit gemahlenem Zimt bestäuben.
Statt Zartbitter- und Vollmilch-Schokolade schmeckt auch andere Schokolade, z. B. Nuss-Schokolade oder Nuss-Nougat-Creme, lecker.
Die Bananen bereits 4–5 Stunden vor dem Grillen einpacken und in den Kühlschrank legen..

REZEPTVARIANTE:
Für **beschwipste Schokobananen** die fertigen Bananen aufklappen, mit insgesamt 120 ml Eierlikör beträufeln und servieren.

SÜSSE HAMBURGER

ZUBEREITUNGSZEIT:
35 Minuten

GRILLZEIT:
15–20 Minuten

ZUTATEN FÜR 12 PORTIONEN
etwa 600 g frisches Ananas-
    fruchtfleisch (ohne Strunk und
    Schale)
3 Nektarinen
etwa 50 ml Sonnenblumenöl
1 TL Chiliflocken

12 Hamburger Brötchen
300 ml flüssiger Bienenhonig
100 g gehackte Nusskerne

ZUSÄTZLICH:
Grillschalen (ohne Löcher)

PRO PORTION:
E: 5 g, F: 10 g, Kh: 54 g, kcal: 329

1. Ananas in 12 gleich dicke Scheiben (je etwa 50 g) schneiden. Nektarinen abspülen, trocken tupfen und vierteln. Die Steine herauslösen. Die Nektarinenviertel noch einmal längs halbieren.

2. Das Sonnenblumenöl mit den Chiliflocken verschlagen. Die Ananasscheiben und Nektarinenspalten mit dem Chiliöl rundherum dünn einstreichen und in den Grillschalen verteilen.

3. Grillschalen auf den Grillrost des heißen Grills stellen. Das Obst 15–20 Minuten grillen, dabei das Obst nach etwa der Hälfte der Zeit wenden.

4. Die Hamburger Brötchen waagerecht halbieren und auf dem Grill leicht anrösten. Dann die Innenseiten der Brötchen jeweils mit etwas Bienenhonig beträufeln.

5. Auf jede Unterseite 1 Scheibe gegrillte Ananas und 2 Nektarinenspalten legen. Die oberen Brötchenhälften darauflegen, leicht mit Honig bestreichen, mit den gehackten Nusskernen bestreuen.

TIPPS:
Statt der klassischen Hamburger Brötchen schmecken auch Weizentoasties oder runde Milchbrötchen sehr gut mit dem gegrillten Obst.
Ananasscheiben und Nektarinenspalten können 2–3 Stunden vor dem Grillen in Scheiben bzw. in Spalten geschnitten und mit dem Chiliöl mariniert werden. Das Obst dann zugedeckt in den Kühlschrank stellen.

SÜSSES STOCKBROT

ZUBEREITUNGSZEIT:
35 Minuten

TEIGGEH-/RUHEZEIT:
etwa 35 Minuten

GRILLZEIT:
10–15 Minuten

ZUTATEN FÜR 6 STOCKBROTE
350 g Weizenmehl
1 Pck. Trockenbackhefe
60 g Zucker
1 Pck. Bourbon-Vanille-Zucker
½ gestr. TL Salz
150 ml warme Milch (3,5 % Fett)
    oder Wasser
40 g zerlassene Butter
1 TL abger. Schale von
    1 Bio-Zitrone
    (unbehandelt, ungewachst)
6 Soft-Pflaumen
6 Soft-Aprikosen
1–2 EL Puderzucker

ZUSÄTZLICH:
6 lange Grillspieße (z. B. Bambus-
    spieße, über Nacht in Wasser
    eingelegt, oder Metallspieße)

PRO STOCKBROT:
E: 8 g, F: 7 g, Kh: 67 g, kcal: 376

1. Mehl mit der Trockenbackhefe in einer Rührschüssel sorgfältig vermischen. Zucker, Vanille-Zucker, Salz, Milch oder Wasser, Butter und Zitronenschale hinzugeben. Die Zutaten mit einem Mixer (Knethaken) zunächst kurz auf niedrigster, dann auf höchster Stufe in etwa 5 Minuten zu einem glatten Teig verkneten. Den Teig zugedeckt so lange an einem warmen Ort gehen lassen, bis er sich sichtbar vergrößert hat, etwa 30 Minuten.

2. Auf jeden Spieß der Länge nach jeweils 1 Pflaume und 1 Aprikose stecken und bis zum Ende des Spießes schieben.

3. Aus dem Teig 6 lange Rollen (30–35 cm) formen. Den Teig jeweils an der Spitze beginnend um die Spieße und die getrockneten Früchte wickeln. Dabei darauf achten, dass der Teig nicht zu locker gewickelt wird. Die Teigenden oben und unten etwas andrücken. Die vorbereiteten Brote nochmals kurz gehen lassen, damit der Teig besser hält.

4. Stockbrote über der heißen Glut unter ständigem Drehen 10–15 Minuten grillen (backen).

5. Die fertig gegrillten Stockbrote mit Puderzucker bestäuben und servieren.

TIPPS:
Etwa 75 g Schokoladenstücke oder -tropfen kurz unter den Teig kneten. Nicht zu lange kneten, sonst schmilzt die Schokolade.
Für die Teiggehzeit ist ein Platz an der Heizung oder der Backofen bei maximal 50 °C Ober-/Unterhitze (dabei die Backofentür mit einem Holzlöffel einen Spalt geöffnet halten) gut geeignet.
Oder den Hefeteig über Nacht im Kühlschrank gehen lassen: Dazu den Hefeteig nicht aus zimmerwarmen, sondern kalten Zutaten zubereiten. Dann den Teig in einer ausreichend großen Schüssel mit Frischhaltefolie zugedeckt über Nacht im Kühlschrank gehen lassen.

KAPITELREGISTER

ALPHABETISCHES REGISTER

IMPRESSUM

HINTER JEDEM TOLLEN BUCH STECKT EIN STARKES TEAM

Projektleitung: *Karin Boonk*
Redaktion: *Annette Riesenberg*
Lektorat: *Susanne Noll, Hennef*
Rezepte: *Dr. Oetker Verlag,*
außer: Olaf Brummel, Steinhagen (S. 27, 41, 51, 69, 81, 85, 87, 97, 99, 117, 137, 157, 163, 171, 173, 179)
Nährwertberechnungen: *Nutri Service, Hennef;*
Angelika Ilies, Langen
Titelgestaltung, Layout und Satz: *Büro 18, Friedberg/Bayern*
Herstellung: *Frank Jansen*
Producing: *Jan Russok*
Druck & Bindung: *aprinta druck GmbH, Wemding*

UNSER VERLAGSHAUS

Mit Standorten in München, Hamburg und Berlin zählt die Edel Verlagsgruppe zu den größten unabhängigen Buchanbietern Deutschlands. Zur Edel Verlagsgruppe gehört unter anderem ZS mit seinen Lizenzmarken Dr. Oetker Verlag, Kochen & Genießen und Phaidon by ZS.

Die Bücher und E-Books unter der Marke Dr. Oetker Verlag erscheinen als Lizenz in der Edel Verlagsgruppe GmbH
www.oetker-verlag.de
www.facebook.com/Dr. OetkerVerlag
www.instagram.com/Dr. OetkerVerlag

FÜR DIE UMWELT

ZS unterstützt bei der Produktion dieses Buches das Projekt „Junge Riesen für die nächsten 100 Jahre" im Naturpark Nossentiner/Schwinzer Heide. Damit wird ein Anteil der unvermeidbaren CO_2-Emissionen im direkten Umfeld des Produktionsstandortes kompensiert.

LIEBE LESERINNEN, LIEBE LESER,

seit 130 Jahren gibt es Dr. Oetker Bücher, viele davon sind seit Jahrzehnten im Programm. Mit jedem Buch, mit jeder Aktualisierung eines unserer Klassiker erfinden wir uns neu. Was bleibt, ist immer der Kern unserer Bücher: praktisch müssen sie sein und funktionieren muss alles. Gerne auch mal den einen oder anderen Kniff anbieten, den Sie vielleicht noch nicht kannten. Deshalb kommen Ihnen die Dr. Oetker Bücher so modern und frisch und doch so vertraut vor.

Viel Spaß und viel Erfolg wünschen wir Ihnen auch mit diesem Buch.
Ihre Dr. Oetker Verlagsredaktion

1. Auflage 2023
© 2023 Edel Verlagsgruppe GmbH
Kaiserstraße 14 b
D–80801 München
ISBN: 978-3-7670-1879-2

BILDNACHWEIS

Titelfoto: Studio Diercks Media GmbH (Silje Paul, Kai Boxhammer), Hamburg
Coverillustration: © shutterstock|Curly Pat
Foodfotografie:
Antje Plewinski, Berlin: S. 109
Axel Struwe, Bielefeld: S. 13, 23, 29, 153, 175
Eising Studio Food Photo & Video, München: S. 65, 113, 121, 123, 125, 131, 143, 149, 155, 167
Stockfood Studios / Jan Wischnewski: S. 135
Studio Diercks Media GmbH (Silje Paul, Kai Boxhammer), Hamburg: S. 3 (2–5 v. o.), 5, 10, 11, 25, 27, 41, 51, 60, 61, 63, 69, 73, 79, 81, 83, 85, 87, 89, 92, 93, 97, 99, 102, 105, 110, 111, 114, 115, 117, 119, 137, 139, 141, 145, 147, 157, 161, 163, 165, 171, 173, 179, 177
Walter Cimbal, Hamburg: S. 3 (o.), 4, 6, 7, 15, 17, 19, 21, 31, 33, 35, 37, 39, 43, 45, 47, 49, 53, 55, 57, 59, 67, 71, 75, 77, 95, 101, 103, 104, 107, 127, 129, 133, 151
Winkler Studios GmbH, Bremen: S. 3 (u.), 91, 158, 159, 169

Da ist einfach alles drin!

Salate & Bowls

19,99 € [D]
ISBN 978-3-7670-1854-9

Gleich nachmachen!

Jetzt überall,
wo es gute Bücher gibt.

Schluss mit der langen Rezeptsuche!

Das lange Durchsuchen der eigenen Kochbücher hat endlich ein Ende —
die Rezept Scout-App verrät
ganz schnell und einfach, welches Rezept wo zu finden ist.

MARKIEREN

Eine eigene Bibliothek erstellen —
Kochbücher suchen und abspeichern

FINDEN

Einfach Suchbegriff eingeben — und auf einen Blick
entdecken, aus welchem Kochbuch die Rezepte sind

MERKEN

Lieblingsrezepte in der Merkliste speichern —
und noch schneller finden

Rezept Scout

Erhältlich im App Store

JETZT BEI Google Play

Mit **allen aktuellen Dr.Oetker-Büchern**
und vielen anderen beliebten Kochbüchern.